KB202745

교회학교가 살아야
교회의 내일이 있다

교회학교가 살아야 교회의 내일이 있다
― 뉴노멀 시대의 기독교교육

2022년 9월 28일 처음 펴냄

지은이   김도일 김성중 신현호 신형섭
책임집필   김도일
펴낸이   김영호
편집   박선주 김구 김율 이희도 최성은
디자인   황경실 윤혜린
펴낸곳   도서출판 동연
등록   제1-1383(1992. 6. 12.)
주소   서울 마포구 월드컵로 163-3, 2층
전화/팩스   02-335-2630, 02-335-2640
전자우편   yh4321@gmail.com

ISBN 978-89-6447-829-5   03230

교회학교가 살아야
교회의 내일이 있다

─뉴노멀 시대의 기독교교육

김도일 김성중 신현호 신형섭 지음 | 김도일 책임집필

동연

코로나 이후의 한국교회 교회교육은 어떤 모습이어야 하는가? 이 질문은 교회학교의 생존은 물론 지속 가능한 한국교회가 되기 위해서 응답해야 할 가장 중요한 물음입니다.

『교회학교가 살아야 교회의 내일이 있다 ― 뉴노멀 시대의 기독교교육』, 이 책은 이 질문에 명쾌한 답을 주고 있습니다. 먼저 코로나 상황 속에서 교회학교가 어떤 모습인지 설문조사를 통해 생생하게 진단하고, 뉴노멀 시대의 기독교교육을 발달 단계에 따라 미취학, 아동, 청소년, 부모의 순으로 대안을 제시하고 있습니다. MZ세대에 대한 심도 있는 분석은 물론 뉴노멀 시대에 참고해야 할 국내·외의 기독교교육 자료들을 수록하였는데, 코로나 이후 교회교육에 필요한 거의 모든 자료를 망라하고 있습니다.

이 책의 책임집필자인 김도일 교수님은 한국기독교교육학회 회장을 역임한 원로 학자신데 미래 한국 기독교교육 분야를 이끌고 가실 김성중, 신현호, 신형섭 교수님과 함께 이 책을 집필함으로 더욱 풍성하고 아름다운 하모니를 이루고 있습니다. 이 책이 코로나로 인해 '중첩적 위기'에 직면한 한국교회의 교회교육을 회복하고, 부흥시킬 수 있는 마중물 역할을 하리라 기대합니다. 모든 목회자, 교육 담당 교역자, 교회학교 교사에게 일독을 권합니다.

박상진 교수(장로회신학대학교, 기독교교육학)

먼저 김도일 교수님, 김성중 교수님, 신현호 교수님, 신형섭 교수님께 감사드립니다.

책의 발간을 축하하기보다 감사를 드리는 이유는 이런 책이 없어도 다음세대를 위한 기독교 신앙 교육에 별 어려움이 없다면 더 좋았을 것이라고 생각하기 때문입니다.

그러나 포스트모더니즘 시대 이후 이미 기독교교육이 어려워졌습니다. 게다가 코로나 19는 한 번도 경험하지 못한 충격을 안겨 주었습니다. 출산율의 저하와 함께 교회에 대한 사회의 비난이 겹치면서 교회학교가 없는 교회가 절반이 넘고, 70%의 교회는 중등부, 고등부가 없습니다.

이 책은 이러한 충격의 시대에 다음세대를 위한 기독교교육에 영감과 도전을 주리라고 기대합니다.

꼭 필요한 책을 집필해 주신 교수님들께 다시 감사드리면서, 이 책이 결론이라기보다는 계속 쓰나미처럼 다가올 새로운 도전에 대한 교회 차원의 응전의 시작점이 되길 기대해 봅니다.

김운성 목사(영락교회)

뉴노멀 시대의 중심은 교회와 가정의 연계 교육에 있다는 명제에 거부할 수 없는 도전을 느끼지만 '오늘날 가정과 교회는 다음세대들을 양육하기에 준비되었는가?'라는 질문에는 할 말이 없다고 생각한다. 이 같은 현실적 고민에 이 책은 여러 가지 자극과 대안을 주고 있다. 뉴노멀 시대의 교육적 분위기를 조성하는 자원들에 대해 잘 분석해 주고 있다. 교육목회 현장에서 실천적 모델이 필요하다. 그런 면에서 아직 겪어보지 못한 교육 방법들의 제시는 다양한 힌트를 주고 있다.

온라인 교육의 한계로 교사와 하나님과의 인격적 관계를 맺지 못하여 생생한 신앙고백이 충분히 이루어지지 못함으로 개별적 신앙 양육이 더욱 필요하다는 지적은 우리에게 절실한 도전이 된다. 뉴노멀 시대 기독교교육 차원의 교회교육의 분석과 대안들은 이 글을 읽는 독자들인 교회교육의 지도자들에게 용기 있는 실천을 권고하고 있다. 이제는 말씀에 대한 앎의 차원이 자신의 직접적인 탐구와 말씀의 모험으로 이어져야 할 시대가 되었다. 진실로 말씀이 삶의 실재가 되는 경험 없이는 참된 신앙을 지닐 수 없기 때문이리라.

생존 위기의 시대에 복음을, 나의 말씀으로 받아들일 수 있도록 훈련하는 교육으로, 한 차원 높일 수 있기를 소망한다면 일독을 권하며, 저자들과 함께 고민과 해법을 나누기를 기대한다.

차정규 목사 (신림신양교회)

추 천 의 글

저는 코로나 팬데믹 기간 동안 총회 세대별위원회 다음세대 분과장을 담당하였습니다. 이에 이 책의 저자인 네 분의 교수님과 함께 다음세대를 돕기 위한 고민의 시간을 가졌습니다.

'한국교회 다음세대의 상황은 어떠한가?', '다음세대 사역의 현장에 있는 후배 교역자들의 어려움은 무엇인가?', '그들을 도울 방법은 무엇인가?', '어떻게 이 어려움을 헤쳐나갈 수 있는가?', '비대면 사역이 자연스러워진 문화에서 코로나 이후 다음세대 사역을 어떻게 준비할 것인가?'

『교회학교가 살아야 교회의 내일이 있다』는 팬데믹 기간 동안 네 분의 교수님이 현장 사역자들과 함께 나눈 고민의 흔적이며, 이 책에서 제안한 시대적 통찰과 성경적인 지혜는 다음세대 사역자들에게 직면했던 도전에 맞설 용기를 주었습니다. 또한 팬데믹 이후 비대면 문화에서 우리가 감당해야 할 다음세대 사역의 방향을 제시하고 있습니다. 한국교회 다음세대를 위한 연구로 수개월 헌신하신 네 분의 교수님에게 감사의 마음을 전합니다. 이제 우리는 코로나 팬데믹 이후를 준비해야 할 때입니다. 『교회학교가 살아야 교회의 내일이 있다』를 통해 하나님의 지혜가 나눠지길 소망합니다.

이재훈 목사(온누리교회)

뉴노멀의 시대 새로운 변화가 필요한 때입니다. 4차산업혁명, 기후
위기, 인구 변동, 지역 소멸 등 당면한 문제에 교회는 새로운 응답을
해야 합니다. 특별히 다음세대를 위한 교육은 교회와 사회, 국가의
미래에 당면한 중요한 과제입니다.

본서는 뉴노멀 시대에 교회의 과제와 역할을 명징하게 제시하고
있습니다. 2021년 코로나 전후 다음세대 교회교육 현장 설문조사는
현장의 실태를 가름할 수 있는 좋은 통계입니다. 그리고 MZ세대에
대한 이해에 기초한 사역자의 역할을 새롭게 발견할 수 있게 합니다.
코로나 상황에서 어린이 신앙 경험에 대한 조사는 그동안 코로나 상황
을 경험하면서 막연했던 어린이 교육에 대한 구체적인 이정표를 제시
합니다. 청소년 목회와 사역 노하우의 실제는 청소년 참여를 중심으로
한 예배와 교육을 디지로그의 방법으로 설계할 수 있도록 안내합니다.
MZ 젊은 부모 세대를 가정-교회 연계 신앙 전수의 핵심으로 제언하는
것은 가정을 장으로 하는 교육을 명료하게 세워 갈 수 있도록 합니다.
이 책의 또 하나의 매력은 교육 현장에서 사역하는 사람들이 스스로
공부할 수 있는 좋은 자료를 제시한다는 점입니다. 저자들은 한결같이
교육 현장에 대한 관심과 열정이 뜨거운 학자이며 실천가들입니다.
뉴노멀 시대, 새로운 지평을 제시한 본서의 일독을 추천합니다.

조은하 교수(목원대학교, 기독교교육학)

머 리 말

이 책은 인류가 한 번도 경험해 보지 못한 바이러스 감염병 Covid-19 발생에 대처하는 과정에서 생긴 책입니다.

신학은 늘 상황에 대한 반응입니다. 그런 의미에서 테오 순더마이어가 말한 것처럼 어떤 시대에 나온 신학도 그 당시에는 상황신학입니다. 새로운 삶의 기준은 새로운 상황 가운데서 만들어진 것입니다. 대면하는 기독교교육을 당연하게 여겨왔고, 다른 옵션은 아예 생각조차 하지 않던 시절이 있었습니다. 물론 온라인 교육이 없었던 것은 아니었지만 말입니다. 이전의 방송 통신 교육 같은 온라인 위주의 교육은 부득이한 상황에서 생겼던 것으로 그야말로 극소수 학습자를 위한 일종의 궁여지책이었습니다. 그러나 코로나 사태로 비대면 교육, 메타버스 교육은 이제 일종의 기준 내지는 표준이 되어가고 있습니다. 얼굴을 맞대고 하는 교육이 아니면 교육도 아니라는 생각했던 인류에게는 너무도 큰 도전입니다.

인수(人獸) 공통 바이러스 전염병의 확산은 여러 가지 중요한 사안을 생각하게 합니다. 첫째, 이런 전염병은 인류가 오랜 세월 간과해왔던 환경 보존과 모든 피조물과의 공존에 관한 너무도 기본적인 생존 원칙을 위배한 인류에게 주는 폭탄 같은 메시지입니다. 이제라도 인류는 정신을 차리고 하나님의 모든 피조물을 진정으로 가꾸고 돌보는 데에 최선을 다해야 합니다. 다스리고, 정복하라는 의미가 정원사의 정신으로 관리하고 섬기며 함께하라는 메시지로 재해석되어야 합니다. 지금은 매순간 지구의 온도가 극심하게 올라가고 있어 빙하가 녹아내리고, 유럽에는 가뭄, 아시아에는 홍수, 아메리카와 호주에는 산불, 아프리카에는 곡물이 전혀 생산되지 않은 모습이 현실입니다. 잘사는 나라들이 저지른 탐욕과 무지의 행위로 인해 힘들게 착취당해 왔던 아프리카 땅에 사는 이들이 가장 참혹하게 당하고 있다는 사실은 정말 참기 힘든 비극의 스토리입니다. 인류는 이제 막다른 골목에 서 있습니다. 다같이 멸망하느냐 모든 피조물과 함께 생존하느냐의 기로에 서 있는 것입니다. 둘째, 눈에 보이고 손에 잡히는 세계만을 인정하고 디지털 세상에 눈 감고 있던 인류는 이제 그간의 노멀(normal)한 세상에만 머물 수 없는 상황에 직면했습니다. 이른바 새로운 삶의 기준을 첨가해야 하는 뉴노멀(new normal) 시대를 살아갈 수밖에 없는 상황이 된 것입니다.

아날로그 세상은 확실히 우리에게 익숙한 세상이며, 인류의 습관과 전통은 그 세상 위에서 만들어졌습니다. 그러나 보이지 않는 세계의 존재에 익숙한 크리스천들에게 눈에 보이지 않는 디지털 세상 그리고 소위 초현실 세계인 메타버스(Metaverse)는 온전히 낯선 것만은 아니라고 생각합니다. 확실히 코로나 사태가 3차산업혁명의 부산물인 정보화 시대와 4차산업혁명의 인공지능, 사물인터넷, 빅데이터, 로봇공학이라는 이기를 통하여 메타버스 시대를 앞당긴 것만은 분명해 보입니다. 우리는 여전히 대면 교육이 익숙하고 효율적인 것으로 느끼나, 지난 2년여 동안 강제적으로 해왔던 비대면 교육의 장점도 무시할 수는 없습니다. 어떤 경우에는 대면 교육보다 비대면 교육의 교육 내용이 양적인 면에서 월등하다고 느끼기도 합니다. 분명 인류는 새로운 환경에서 뉴노멀 시대를 살아야 하고, 주어진 환경에서 최선을 다해 돌파구를 마련해야 합니다. 아울러 진정성 있는 교육을 하여 하나님이 기뻐하시는 지경에 이르러야 하겠습니다. 새로운 상황에서 가장 지혜롭고 성실하게 응답하는 신학적 반응이 이 책이 다루는 주제 "뉴노멀 시대의 기독교교육"입니다.

뉴노멀 시대의 기독교교육이 가진 최대 도전은 여전히 어린이, 청소년, 청년과 같은 다음세대들을 하나님 앞에서 택하신 족속으로, 왕 같은 제사장으로, 거룩한 나라들로 그리고 하나님의 백성으로 자율성을 갖고 살아가도록 교육하는 것입니다. 다음세대를 배우기만 하고 자율적이지 않으며 부족한 존재로 여겨 은행 저금식 교육, 획일적 교육, 교사 중심적 교육을 수행하려는 자세는 당장 바꾸어야 합니다.

다음세대는 그 자체로 하나님의 백성이며 거룩한 존재이고 택함 받은 하나님의 일꾼입니다. 예배를 함께 기획하고 일대일의 교제와 친교를 통하여 하나님을 영화롭게 해 드리고 주위의 약한 친구들을 세우는 일을 같이 해야 하며, 다음세대를 섬김의 주체로 여겨 성인들과 함께 하나님의 백성들을 섬기며, 전도와 증언을 감당할 존재로 인정함으로 그들을 하나님 나라를 세워가는 동역자로 양육하고 돌봐야 하겠습니다. 이것이 은준관 박사님이 수행하는 '어린이청소년교회론'의 핵심 내용입니다. 저는 그의 신학적 기독교교육론이 선교적 교회론의 정신과 일치하며 오늘의 기독교교육이 가야 할 방향이라고 확신합니다.

신뢰와 존경을 잃어버린 한국과 세계의 교회가 뉴노멀 시대에 더욱 성경적이고 신학적으로 건강한 기독교교육을 수행해야 할 것입니다. 그리고 무엇보다 본질적인 교회론에 대한 정립이 필요합니다. 모든 하나님의 백성은 예수 그리스도의 몸에 속해 있는 교회라고 생각하여 책임적이고 진정성을 가진 교회로 이 세상에서 거룩한 공동체를 이루어 하나님을 섬기며 세상을 돌보고 증언적인 삶을 삶으로써 부르심에 응답해야 할 것입니다.

이러한 소명을 이루기 위해 김도일, 김성중, 신현호, 신형섭 교수, 네 사람이 뭉쳐 이 책을 함께 집필한 것입니다. 자랑스러운 동료 교수님에게 감사합니다. 이를 제안하여 준 영락교회의 김운성 목사님, 온누리교회의 이재훈 목사님의 관심에 감사합니다. 현장에서 맑고 건강한 교육목회를 수행하시는 차정규 목사님께 존경의 마음을 전합니다. 처음부터 함께 해주신 노희태 목사님, 설문조사에 애써 주신 장신대 기독교교육연구원과 목회와 신학에 감사드립니다. 도서출판 동연의 김영호 대표님의 헌신에도 감사드립니다.

비록 어려운 상황이지만 본질의 회복이 선행될 때 교회가 회복되고 사회 속에서 제 역할을 감당하게 되리라고 소망합니다. 다소 선정적인 제목이지만 오늘의 교회학교와 가정이 살아야 내일의 교회가 있다는 신념으로 부족한 책을 세상에 내어놓습니다. 본서가 주어진 사명인 다음세대 세움, 교회의 신뢰 회복에 일조하게 될 것을 기대하며 머리말에 갈음합니다.

장자호숫가에서

책임집필 김도일 교수

차 례

1부
다음세대를 위한 기독교교육

2부

자료편

1부   다음세대를 위한
      기독교교육

뉴노멀 시대, 다음세대 신앙 성장을 위한 플랫폼

김도일 교수

(장로회신학대학교, 기독교교육학)

I. 들어가며

2021년 대한예수교장로회(통합) 교단 총회를 앞두고, 세대별 위원회에 속한 다음세대(아동부~청년부/20대)분과는 본 교단에 속한 교회와 한국교회를 위하여 전대미문의 위기 상황을 통과하고 있는 이 시대를 새로운 교육목회 환경에 놓인 뉴노멀 시대로 규정하고, 다음세대 신앙 성장을 위한 플랫폼을 구상하게 되었다.

바야흐로 이 시대는 새로운 삶의 정황인 코로나19 바이러스가 창궐한 시대요, 그 어느 때보다 끊임없이 변화하는 상황에 대처하는 지혜, 용기, 결단력을 필요로 하는 시대이다. 정보화 시대인 3차산업혁명이 시작된 이후 4차산업혁명이 우리 곁에 다가와, 현안에 대해 아주 천천히 연구하고 대처하였던 인류는 지구촌을 뒤덮은 전 지구적인 팬데믹 재앙에 대처해야 하는 절체절명의 상황에 처하게 되었다. 그동안 공상과학 영화에서만 보던 사물인터넷, 인공지능, 가상현실, 증강현실과 같은 메타버스(Metaverse)를 형성하는 개념들이 실제 삶으로 다가왔고, 이제 가정, 교회학교, 기독교교육 사역 전반에서 결코 외면할 수 없게 되었다.

연구 목적

본 연구의 목적은 지교회의 형편상 다음세대를 위한 예산 편성이 어렵고, 교육담당 교역자와 교사가 부족하여 디지털 환경에서의 교육이 어려우며, 실제로 이 코로나 시대에 무엇을 어떻게 해야 할지 전전긍긍하는 교회를 위하여 기획된 것이다. 교회에 교육 사역 인력과 예산이 풍부하면 무엇을 하더라도 이 메타버스 시대에 교회학교를 운영할 수 있으나 현실적으로 그런 역량을 갖춘 교회는 20% 안팎이라고 생각하기에 대다수 교회에 본 연구가 실질적으로 다소나마 도움을 제공할 수 있기를 소망한다.

용어 설명

이 글 "뉴노멀 시대, 다음세대 신앙 성장을 위한 플랫폼"에서 말하는 뉴노멀(New Normal)이란 새로운 표준 혹은 새로운 일상이라는 의미이다. 이전까지는 비정상 혹은 특이한 것으로 여겨졌던 것들이 이제는 어느덧 세월이 바뀌어 보통의 기준 자체가 변하여 일상 속에 '새로운 보통'으로 자리 잡게 되었다는 의미가 되겠다.

다음세대라 함은 아동기에서 20대 청년기까지의 세대를 의미함도 미리 밝혀 둔다.

플랫폼(Platform)이란 마치 기차역의 대합실과 같은 곳으로 사람들이 모여 각자의 아이디어와 활동을 통하여 생각과 인격 간의 관계 혹은 네트워크가 형성되고 그 관계가 확장되어 다양한 결과물이 나오게 하는 일종의 '생각 대합실'과 같은 곳을 의미한다. 본 연구는 일종의 유통과 협업을 위한 학습공간이다. 오늘날은 지식을 소유하기보다는 공유하고, 폐쇄하기보다는 공개하여 나 혼자가 아닌 모두가 잘 되는 길을 모색해야 하기 때문이다.

연구의 구성

본 연구는 기독교교육을 담당하는 교사와 사역자를 위해 수행되었으며, 현장 설문조사와 더불어, 각 연령 세대 사역에 필요한 핵심 내용들을 다루게 되며, 각 사역에 필요한 동영상 링크와 주요 서적 소개가 포함될 것이다.

발제 영역

본 발제는 네 가지 영역으로 나누어져 있다. 본 연구는 좁게는 교회교육, 넓게는 가정교육과 교회의 울타리를 넘어서는 기독교교육의 시각으로 수행하였음을 밝힌다.*

1. "2021년 코로나 전후 다음세대 교회교육 현장 설문조사"의 결과를 분석하고, 거기서 도출된 결과 분석과 더불어 MZ세대의 특성과 메타버스 교회교육을 다룰 것이다(김도일 교수).
2. 미취학~아동 세대 사역에 대하여 밀도 있게 다룰 것이다(신현호 교수).
3. 청소년 세대를 위한 사역에 대해 다룰 것이다(김성중 교수).
4. 가정 신앙 교육 사역에 대하여 다룰 것이다(신형섭 교수).

II. 2021년 코로나 전후 다음세대 교회교육 현장 설문조사

다음세대 분과에서는 2021년 7월에 교단과 지역을 망라하여 아래에 나눌 설문을 배포하고 온라인으로 설문조사를 수행하였다. 이 설문조사를 위하여 "총회 세대별 위원회 다음세대 분과" & "장신대 기독교교육연구원" 그리고 「목회와 신학」이 협력하여 설문조사를 하였으며, 2021년 8월 3일에 일차적인 결과가 나왔다. 이를 토대로 연구위원들의 분석을 거쳐 2021년 8월 5일에 갱신된 설문조사 결과가 나오게 되었다. 자세한 내용은 아래와 같다.

---

* 본 연구는 미취학아동부터 19세까지의 청소년을 중심으로 다룬다. 20대에 해당하는 기독청년들의 신앙생활에 대한 설문조사 결과는 다음의 자료를 참고하기 바란다.
목회데이터연구소, http://mhdata.or.kr/mailing/Numbers83rd_210205_Full_Report.pdf

조사 의도

— 코로나 상황 속에서 교회교육 지도자들의 인식 변화 파악

— 코로나 상황 속에서 교회교육 리더십 현황과 역할 변화

— 코로나19 이후의 교회교육 현장 변화의 방향성에 대한 교회
교육 지도자들의 바람 파악

〈표 1〉 조사연구 개요

구분	내용
조사 대상	전국 교회 목회자(담임 목사, 교육담당 목회자) 및 교사 (표본 조사)
조사 지역	전국
조사 방법	구글 설문지를 통한 온라인 조사 (이메일 및 문자를 통한 URL 발송)
표본 규모	351명
자료 처리 및 분석	SPSS 28.0
조사 기간	2021.6.30. - 2021. 7.15.
조사 기관	장로회신학대학교 기독교교육연구원, 총회 세대별 위원회 다음세대 분과

〈표 2〉 응답자 특성

구분		빈도(명)	비율(%)
직분	담임 목사	69	19.7
	다음세대 목회자	238	67.8
	다음세대 교사	44	12.5
성별	남자	243	69.2
	여자	108	30.8
나이	20대	88	25.1
	30대	108	30.8
	40대	93	26.5
	50대	47	13.4

	60대 이상	15	4.3
교회 소재지	서울	143	40.7
	경기, 인천	94	26.8
	대전, 충청	34	9.7
	광주, 전라	27	7.7
	대구, 경북	18	5.1
	부산, 울산, 경남	15	4.3
	강원, 제주	20	5.7
교회 소재지의 규모	대도시	206	58.7
	중소도시	97	27.6
	읍면 지역	48	13.7
교회 규모 (코로나19 직전 청년 이상 장년 출석 교인 기준)	29명 이하	31	8.8
	30~99명	62	17.7
	100~299명	68	19.4
	300~499명	55	15.7
	500~999명	43	12.3
	1,000명 이상	92	26.3
교회학교 출석 규모 (코로나19 직전 기준)	10명 미만	41	11.7
	10~49명	122	34.8
	50~99명	57	16.2
	100~299명	54	15.4
	300~499명	29	8.3
	500명 이상	40	11.4
	없음	8	2.3
담당부서 (복수 응답)	교육부서 총괄	50	14.2
	미취학부(영아, 유아, 유치)	58	16.5
	아동부(초 1~6)	97	27.6
	중 · 고등부(중등, 고등)	94	26.8
	청년부	52	14.8
	장년부/담임 목사	83	23.6
교단	장로교(통합)	249	70.9
	장로교(합동)	27	7.7
	장로교(고신)	8	2.3
	장로교(백석대신)	5	1.4
	장로교(기장)	6	1.7
	장로교(기타)	5	1.4

	감리교	28	8.0
	성결교	11	3.1
	침례교	3	0.9
	독립교단	5	1.4
	기타(순복음, 기독교대한복음교회, 그리스도의교회, 구세군)	4	1.1
계		351	100.0

Part I: 코로나19 상황 속 교회교육 현장과 인식 변화(총 8개 문항)

[교회학교 재적인원 변화]

1. 코로나19 이전과 비교할 때 현재 코로나19 상황에 교회학교 재적인원에 변화가 있습니까?

〈표 3〉 코로나 전후 교회학교 재적인원 변화

구분		빈도(명)	비율(%)
코로나 전후 교회학교 재적인원 변화	20% 이상~30% 미만 증가	4	1.1
	10% 이상~20% 미만 증가	19	5.4
	큰 변화 없음	65	18.5
	10% 이상~20% 미만 감소	134	38.2
	20% 이상~30% 미만 감소	129	36.8
계		351	100.0

● 코로나 기간 중 교회학교 재적인원이 감소한 교회가 75.0%인 반면에 인원에는 큰 변화가 없는 경우는 18.5%, 증가한 경우는 6.5%에 그쳤음을 알 수 있다.

구분		빈도(명)	비율(%)
장년 출석 100명 미만 교회	20% 이상~30% 미만 증가	1	1.1
	10% 이상~20% 미만 증가	5	5.4
	큰 변화 없음	28	30.1
	10% 이상~20% 미만 감소	34	36.6
	20% 이상~30% 미만 감소	25	26.9
계		93	100.0
장년 출석 100~499명 교회	20% 이상~30% 미만 증가	0	0.0
	10% 이상~20% 미만 증가	4	3.3
	큰 변화 없음	14	11.4
	10% 이상~20% 미만 감소	55	44.7
	20% 이상~30% 미만 감소	50	40.7
계		123	100.0
장년 출석 500명 이상 교회	20% 이상~30% 미만 증가	3	2.2
	10% 이상~20% 미만 증가	10	7.4
	큰 변화 없음	23	17.0
	10% 이상~20% 미만 감소	45	33.3
	20% 이상~30% 미만 감소	54	40.0
계		135	100.0

* 비율(%)은 장년 출석 교인수별 교회 중 해당 비율임.

- 장년 출석 100명 미만 교회에서는 '교회학교 재적에 큰 변화 없음' (30.1%)이 100명 이상 규모에 비해서 상대적으로 높았으며, 장년 출석 이 500명 이상 교회의 경우 '교회학교가 증가'(9.6%)하거나 '20% 이상 감소'(40.0%)한 사례가 다른 규모에 비해 높게 나왔음을 알 수 있다.

[봉사자 인원 변화]

2. 코로나19 이전과 비교할 때 현재 코로나19 상황에 교회학교 봉사자(교사) 인원에 변화가 있습니까?

〈표 5〉 코로나 전후 봉사자(교사) 인원 변화

구분		빈도(명)	비율(%)
코로나 전후 봉사자(교사) 인원 변화	20% 이상 증가	4	1.1
	20% 미만 증가	4	1.1
	큰 변화 없음	172	49.0
	20% 미만 감소	119	33.9
	20% 이상 감소	52	14.8
계		351	100.0

● 교회학교 봉사자의 수는 외면적으로는 20% 미만 감소한 수치가 33.9%, 20% 이상 감소한 수치가 14.8%로 나타나고 있으나 코로나 이후 봉사자 수를 예측하기 어려운 것이 현실이다.

[소통현황]

3. 어린이/청소년과 소통 현황은 어떻습니까?(빈도별로 각각 답을 해 주시기 바랍니다.)

〈표 6〉 코로나 이후 어린이/청소년 소통현황

구분			빈도(명)	비율(%)
코로나 이후 어린이/청소년 소통 현황	매주 1회 이상 소통 그룹	80% 이상	80	22.8
		60% 이상 80% 미만	71	20.2
		40% 이상 60% 미만	63	17.9
		20% 이상 40% 미만	64	18.2
		20% 미만	73	20.8
	월 1~2회 소통	80% 이상	81	23.1
		60% 이상 80% 미만	59	16.8
		40% 이상 60% 미만	83	23.6
		20% 이상 40% 미만	65	18.5
		20% 미만	63	17.9

		80% 이상	17	4.8
		60% 이상 80% 미만	20	5.7
	연락 두절	40% 이상 60% 미만	36	10.3
		20% 이상 40% 미만	94	26.8
		20% 미만	184	52.4

● 코로나 이후 어린이/청소년 소통 현황은 비교적 잘 이루어지고 있으나, 월 1~2회 소통하는 경우와 연락 두절이 된 경우가 적지 않아 심히 우려된다.

[비대면 교회교육의 신앙 성숙 영향]

4. 코로나19 시기의 "비대면 교회교육"이 귀하의 교회 어린이/청소년의 신앙 성숙에 대해 어떤 영향을 미치고 있다고 생각하십니까?

〈표 7〉 비대면 교회교육이 신앙 성숙에 미치는 영향

구분		빈도 (명)	비율 (%)
비대면 교회 교육이 신앙 성숙에 미치 는 영향	한계가 있지만 매우 긍정적인 영향을 미치고 있다	15	4.3
	한계가 있지만 비교적 긍정적인 영향을 미치고 있다	142	40.5
	한계가 많고 비교적 부정적인 영향을 미치고 있다	151	43.0
	한계가 많고 매우 부정적인 영향을 미치고 있다	31	8.8
	잘 모르겠다	15	4.3
계		351	100.0

● 한계가 있지만 긍정적인 영향을 보는 이들이 44.8%, 한계가 많고 부정적인 영향이 더 크다고 보는 이들은 51.8%. 부정적인 영향이 다

소 높음 ⇒ 비대면 교회교육의 보완이 필요하며, 코로나 이후의 온라인 교회교육에 대한 보완도 함께 필요해 보인다.

〈표 8〉 비대면 교회교육이 신앙 성숙에 미치는 영향: 직분별

구분			빈도 (명)	비율 (%)
비대면 교 회교육이 신앙 성숙 에 미치는 영향	담임 목 사	한계가 있지만 매우 긍정적인 영향을 미치고 있다	3	4.3
		한계가 있지만 비교적 긍정적인 영향 을 미치고 있다	8	11.6
		한계가 많고 비교적 부정적인 영향을 미치고 있다	33	47.8
		한계가 많고 매우 부정적인 영향을 미 치고 있다	25	36.2
		잘 모르겠다	0	0.0
	교육목 회자	한계가 있지만 매우 긍정적인 영향을 미치고 있다	8	3.4
		한계가 있지만 비교적 긍정적인 영향 을 미치고 있다	21	8.8
		한계가 많고 비교적 부정적인 영향을 미치고 있다	93	39.1
		한계가 많고 매우 부정적인 영향을 미 치고 있다	103	43.3
		잘 모르겠다	13	5.5
계			351	100.0

* 비율(%)은 모집단(담임 목사=69, 교육담당 목회자=238)의 해당 비율을 표시

[비대면 교회교육과 지도자의 영향]

5. 코로나19 시기의 '비대면 교회교육'이 귀하의 교회 어린이/청소년의 신앙 성숙에 대해 어떤 영향을 미치고 있다고 생각하십니까?

〈표 9〉 비대면 교회교육이 지도자 인식 전환에 미치는 영향

구분		빈도 (명)	비율 (%)
비대면 교회 교육이 지도 자 인식 전 환에 미치는 영향	한계가 있지만 매우 긍정적인 영향을 미치고 있다	22	6.3
	한계가 있지만 비교적 긍정적인 영향을 미치고 있다	187	53.3
	한계가 많고 비교적 부정적인 영향을 미치고 있다	116	33.0
	한계가 많고 매우 부정적인 영향을 미치고 있다	17	4.8
	잘 모르겠다	9	2.6
계		351	100

● 한계가 있지만 지도자의 인식 전환에 미치는 긍정적인 영향(59.6%)
 이 부정적인 영향(37.8%)보다 높음 ⇒ 이번 코로나 상황이 가져온
 인식 전환의 기회를 미래 교회교육의 보완을 위한 동력으로 삼는 것
 이 중요할 것으로 사료된다.

[교육 자료]

6. 코로나19 시기에 귀하의 교회교육 현장에 가장 도움이 된
   교육 자료는 무엇입니까? (복수 응답, 최대 2개까지)

〈표 10〉 코로나19 상황 속 도움이 된 교육 자료

구분		빈도(명)	비율(%)*
코로나19 상황 속 도 움이 된 교 육 자료(복 수 응답)	교단 총회 공과 교재	82	23.8
	교단 외 기독교교육기관/단체 공과 교재	70	20.3
	교단 총회 영상 및 미디어 자료	75	21.7
	교단 외 기독교교육기관 영상 및 미디어 자료	80	23.2
	SNS상의 교회교육 영상 및 미디어 자료	105	30.4
	동영상 플랫폼의 교회교육 영상 및 미디어 자료	204	59.1
	기타	15	4.3
	없음	6	1.7

*비율(%)은 모집단 (N=351) 중 해당 비율임.

- 코로나19 상황 속에서 도움을 준 자료로 동영상 플랫폼(유튜브 등)의 교회교육 영상 및 미디어 자료(59.1%), SNS상의 교회교육 영상 및 미디어 자료(30.4%)가 높은 응답수를 차지했으며, 교단 총회 공과 교재(23.8%), 교단 외 기독교교육 기관 영상 및 미디어 자료(23.2%)가 다음을 차지한다.

- 비대면 교회교육 특성상 영상 및 미디어 교육 자료가 공과 교재에 비해 유용하게 활용되었음을 알 수 있다.

〈표 11〉 코로나19 상황 속 도움이 된 교육 자료: 연령별

구분		빈도 (명)	비율 (%)*
영 · 유아 · 유치 (복수 응답) (N=58)	교단 총회 공과 교재	22	37.9
	교단외 기독교교육기관/단체 공과 교재	11	19.0
	교단 총회 영상 및 미디어 자료	21	36.2
	교단외 기독교교육기관 영상 및 미디어 자료	14	24.1
	SNS상의 교회교육 영상 및 미디어 자료	11	19.0
	동영상 플랫폼의 교회교육 영상 및 미디어 자료	35	60.3
	기타	2	3.4
어린이 (복수 응답) (N=96)	교단 총회 공과 교재	32	33.3
	교단외 기독교교육기관/단체 공과 교재	25	26.0
	교단 총회 영상 및 미디어 자료	20	20.8
	교단외 기독교교육기관 영상 및 미디어 자료	24	25.0
	SNS상의 교회교육 영상 및 미디어 자료	27	28.1
	동영상 플랫폼의 교회교육 영상 및 미디어 자료	57	59.4
	기타	5	5.2
중 · 고등부 (복수 응답) (N=91)	교단 총회 공과 교재	9	9.9
	교단외 기독교교육기관/단체 공과 교재	13	14.3
	교단 총회 영상 및 미디어 자료	10	11.0
	교단외 기독교교육기관 영상 및 미디어 자료	23	25.3
	SNS상의 교회교육 영상 및 미디어 자료	35	38.5
	동영상 플랫폼의 교회교육 영상 및 미디어 자료	64	70.3
	기타	3	3.3

* 비율(%)은 연령별 집단 (영 · 유아 · 유치=58, 어린이=96, 청소년=91) 중 해당 비율임.

- 영·유아·유치 부서의 경우, 동영상 플랫폼의 영상 및 미디어 자료 (60.3%)가 가장 높은 순위를 차지하고, 교단 총회 공과 교재(37.9%) 와 교단 총회 영상 및 미디어 자료(36.2%)가 그 뒤를 잇고 있음을 알 수 있다.
- 어린이 부서의 경우, 동영상 플랫폼의 영상 및 미디어 자료(59.4%) 가 가장 높은 순위를 차지하고, 교단 총회 공과(33.3%), SNS 상의 교회교육 영상 및 미디어(28.1%)를 그 뒤를 잇고 있다.
- 중·고등 부서의 경우, 다른 연령대 부서에 비해 동영상 플랫폼 교회 교육 영상 및 미디어 자료(70.3%) 활용도가 상당히 높았으며, SNS 상의 교회교육 영상 및 미디어 자료(38.5%), 교단 외 기독교교육 기관 영상 및 미디어 자료(25.3%)가 그 뒤를 잇고 있음도 알 수 있다. 그러므로 기독교교육연구원과 총회교육자원부에서 활용도가 높은 유익한 영상 자료를 많이 제작하고 발굴하는 것이 필요해 보인다.

[코로나 속 교육 지도자의 어려움]

7. 코로나 상황 가운데 교회교육 지도자로서 겪은 가장 큰 어려움은 무엇입니까?

<표 12> 코로나19 상황 속 교회교육 지도자의 어려움

구분		빈도 (명)	비율 (%)
코로나19 상황 속 교회교육 지도자의 어려움	비대면 가정 심방(방문) 및 어린이/청소년 연락 책임 가중	81	23.1
	녹화용 영상 제작에 과도한 시간 및 에너지 증가	59	16.8
	가정 신앙 교육 및 부모 교육의 제약	50	14.2
	영상 및 미디어 제작 기술 부족	49	14.0
	교사를 위한 교육 제약	24	6.8
	비대면 영상 콘텐츠 검색 및 확보 어려움	22	6.3
	실시간 영상예배 준비	20	5.7
	교회의 교육사역 지원 부족	15	4.3
	교육예산 감소 및 교육행정 제약	12	3.4
	기타	19	5.4
계		351	100.0

- 비대면 가정 심방(방문) 및 어린이/청소년 연락 책임 가중(23.1%)이 가장 높은 응답을 차지했고, 영상 제작에 과도한 시간 및 에너지 증가 (16.8%), 영상 및 미디어 제작 기술 부족(14.0%)이 그 뒤를 이음 ⇨ 코로나 상황이 1년 반 이상 이어지면서 영상 및 미디어 제작 기술 부족 등은 조금씩 보완이 된 반면, 어린이/청소년에 대한 방문과 연락에 대한 책임 등은 더욱 높아지는 것으로 보인다.
- 가정 신앙 교육 및 부모 교육의 제약(14.2%)도 교회교육 현장의 어려움이자 앞으로 중요한 과제로 나타나고 있다. 그러기에 부모에게 필요한 교육(예: 부모의 자기 이해, 건강한 가족 간의 대화법, 가정예배를 위한 지속적인 자료 보급 및 격려)이 요구되는 것으로 보인다.

<표 13> 코로나19 상황 속 교회교육 지도자의 어려움: 연령대별

구분		빈도 (명)	비율 (%)
영·유아·유치 (N=58)	비대면 가정 심방(방문) 및 어린이/청소년 연락책임 가중	14	24.1
	녹화용 영상제작에 과도한 시간 및 에너지 증가	11	19.0
	가정 신앙 교육 및 부모 교육의 제약	11	19.0
	영상 및 미디어 제작 기술 부족	5	8.6
	교사를 위한 교육 제약	3	5.2
	비대면 영상 콘텐츠 검색 및 확보 어려움	5	8.6
	실시간 영상예배 준비	2	3.4
	교회의 교육사역 지원 부족	3	5.2
	교육예산 감소 및 교육행정 제약	2	3.4
	기타	2	3.4
어린이 (N=97)	비대면 가정 심방(방문) 및 어린이/청소년 연락책임 가중	26	26.8
	녹화용 영상제작에 과도한 시간 및 에너지 증가	23	23.7
	가정 신앙 교육 및 부모 교육의 제약	10	10.3
	영상 및 미디어 제작 기술 부족	9	9.3
	교사를 위한 교육 제약	4	4.1
	비대면 영상 콘텐츠 검색 및 확보 어려움	7	7.2
	실시간 영상예배 준비	7	7.2
	교회의 교육사역 지원 부족	3	3.1
	교육예산 감소 및 교육행정 제약	2	2.1
	기타	6	6.2
청소년 (N=93)	비대면 가정 심방(방문) 및 어린이/청소년 연락책임 가중	25	26.9
	녹화용 영상제작에 과도한 시간 및 에너지 증가	8	8.6
	가정 신앙 교육 및 부모 교육의 제약	11	11.8
	영상 및 미디어 제작 기술 부족	13	14.0
	교사를 위한 교육 제약	7	7.5
	비대면 영상 콘텐츠 검색 및 확보 어려움	4	4.3
	실시간 영상예배 준비	5	5.4
	교회의 교육사역 지원 부족	7	7.5
	교육예산 감소 및 교육행정 제약	4	4.3
	기타	9	9.7

* 비율(%)은 연령별 집단 (영·유아·유치=58, 어린이=97, 청소년=93) 중 해당 비율임.

[지도자 교육]

8. 코로나 상황 가운데 교회에서 교회교육 지도자(목회자/교사/부모)를 위한 교육이 제공되었습니까?

〈표 14〉 교회교육 지도자 교육

구분			빈도 (명)	비율 (%)
교회교육 지도자 교육	목회자 교육	정기적으로 제공 (연 2회 이상)	39	11.1
		비정기적으로 제공 (특강 혹은 1회성)	125	35.6
		제공되지 않음	187	53.3
	교사 교육	정기적으로 제공 (연 2회 이상)	52	14.8
		비정기적으로 제공 (특강 혹은 1회성)	132	37.6
		제공되지 않음	167	47.6
	부모 교육	정기적으로 제공 (연 2회 이상)	37	10.5
		비정기적으로 제공 (특강 혹은 1회성)	127	36.2
		제공되지 않음	187	53.3

● 코로나 상황 속 교회교육 지도자 교육이 정기적으로 이루어진 교회는 약 10% 정도에 불과함을 알 수 있다.

● 부모 교육 제공되지 않음(53.3%): 코로나 상황 속 가정 신앙 교육과 부모의 역할이 강조되었음에도 불구하고 응답자가 속한 교회 중 50% 이상은 부모 교육이 제공되지 않음을 알 수 있다. 코로나 시대에 부모 교육에 대한 필요성이 강력하게 대두되고 있음을 알고 그들을 도울 다양한 플랫폼을 개발하여야 할 것이다.

Part II: 코로나19 이후의 교회교육(총 6개 문항)

[교회교육 현장 회복]

9. 코로나19 이후 교회교육 현장(예배, 교육 등)의 회복에 대해
   어떻게 생각하십니까?

〈표 15〉 코로나 이후 교회교육 현장 회복 전망

구분		빈도 (명)	비율(%)
코로나 이후교 회교육 현장회 복전망	매우 빠른 속도로 회복될 것이다	19	5.4
	속도는 느리지만 예전 수준으로 회복될 것이다	81	23.1
	회복 속도가 더딜 것이며 이전의 교육상황에 미치지 못할 것이다	189	53.8
	회복이 매우 늦을 것이며 이전보다 더욱 어려운 상황을 맞이하게 될 것이다	55 0	15.7 0
	잘 모르겠다	7	2.0
계		351	100

● 코로나 이후 교회교육 현장의 회복 속도가 더딜 것이며 이전 교육상
  황에 미치지 못할 것(53.8%)이라는 전망이 절반 이상을 차지한다.

● 직분별 응답도 전체 응답 비율과 유사: "회복 속도가 더딜 것이며
  이전의 교육상황에 미치지 못할 것"이라는 질문에 담임 목사(55.1%),
  다음세대 목회자(52.9%), 다음세대 평신도 지도자(56.8%)가 가장
  높은 응답을 하였음을 볼 때, 이제는 대면과 비대면 양자를 포함하는
  진정한 메타버스 사역이 절대적으로 필요함을 알 수 있다.

[교회교육 리더십 역량 강화]

10. 코로나19 이후 교회교육 리더십 역량 강화를 위해 필요한
영역은 무엇이라고 생각하십니까? (복수 응답, 최대 2개까지)

〈표 16〉 코로나 이후 교회교육 리더십 역량 강화를 위해 필요한 영역

구분		빈도 (명)	비율 (%)*
코로나 이후 교회교육 리더십 역량 강화를 위해 필요한 영역 (복수 응답) (N=351)	교회-가정 연계 신앙 교육을 위한 교육	176	50.1
	어린이/청소년(MZ세대)에 대한 (신앙발달/발달) 이해	137	39.0
	미래 시대 변화에 대한 미래 교육 이해	132	37.6
	온-오프라인 성경에 대한 이해와 교수 방법	101	28.8
	영상 제작 및 온라인 플랫폼 활용 교육	98	27.9
	디지털 리터러시(분별 및 활용) 역량 강화	67	19.1
	기타	7	2.0

* 비율(%)은 모집단(N=351) 중 해당 비율임.

〈표 17〉 코로나 이후 교회교육 리더십 역량 강화를 위해 필요한 영역: 직분별

구분		빈도 (명)	비율 (%)*
다음세대 목회자/평신도 지도자(N=282) (복수 응답)	교회-가정 연계 신앙 교육을 위한 교육	131	46.4
	어린이/청소년(MZ세대)에 대한 (신앙발달/발달) 이해	118	41.8
	미래 시대 변화에 대한 미래 교육 이해	115	40.8
	온-오프라인 성경에 대한 이해와 교수 방법	85	30.1
	영상제작 및 온라인 플랫폼 활용 교육	79	28.0
	디지털 리터러시(분별 및 활용) 역량 강화	53	18.8
	기타	5	1.8
담임 목사 (N=69) (복수 응답)	교회-가정 연계 신앙 교육을 위한 교육	43	63.2
	온-오프라인 성경에 대한 이해와 교수 방법	23	33.8
	미래 시대 변화에 대한 미래 교육 이해	18	26.5
	어린이/청소년(MZ세대)에 대한 (신앙발달/발달) 이해	16	23.5

	영상제작 및 온라인 플랫폼 활용 교육	16	23.5
	디지털 리터러시(분별 및 활용) 역량 강화	9	13.2
	기타	0	0.0

* 비율(%)은 직분별 집단(다음세대 목회자 및 평신도 지도자=282명, 담임 목사=69명) 중 해당 비율임.

- 직분별 응답은 약간의 차이를 보이고 있다. 다음세대 목회자 및 평신 도 지도자는 교회-가정 연계 신앙 교육을 위한 교육(46.4%)에 이어 다음세대(41.8%) 및 미래 교육에 대한 이해(40.8%) 순으로 교육 리 더십 역량을 바라본 반면, 담임 목사 그룹은 교회-가정 연계 신앙 교 육을 위한 교육(63.2%)을 더욱 강조하였고, 그다음으로 온-오프라 인 성경 이해와 교수 방법(33.8%)과 미래 교육(26.5%) 순으로 교육 리더십의 역량이 필요하다고 바라본다.

[코로나 이후 회복 필요 영역]

11. 코로나19 상황의 경험을 바탕으로 교회교육 영역 중 가장 시급하게 회복되어야 할 영역은 무엇이라고 생각하십니 까? (복수 응답, 최대 2개까지)

구분		빈도(명)	비율(%)
코로나 이후 시급하게 회복되어야 할 영역(복수응답)	예배	190	54.1
	교회-가정 연계 교육	134	38.2
	친교 및 공동체성	128	36.5
	개인양육(멘토링)	91	25.9
	성경 교육	67	19.1
	제자훈련	41	11.7
	전도	28	8.0
	봉사 및 섬김	20	5.7
	교육 리더십 훈련	19	5.4
	목회상담	15	4.3
	교리교육	14	4.0
	찬양	12	3.4
	기타	5	1.4

- 코로나 이후 가장 시급하게 회복되어야 할 영역으로 예배(54.1%)를 뽑았다. 그다음으로 교회-가정 연계 교육(38.2%)과 친교 및 공동체성(36.5%)이 뒤를 잇고 있음을 볼 때, 부모 및 자녀 성도들의 영적 갈급함이 매우 크다는 사실과 장소를 초월한 예배 회복이 시급하다는 점을 알 수 있다. 목회자 중심의 예배 형태에서 가정의 제사장인 부모가 그 역할을 일정 부분 감당할 수 있도록 돕는 것이 매우 필요해 보인다.

[코로나 이후 온라인/디지털 활용]

12. 코로나19 이후 교회교육은 온라인 및 디지털 미디어를 활용하는 데 있어서 어떤 방향으로 가야 한다고 생각하십니까?

<표 19> 코로나 이후 온라인 및 디지털 미디어 활용 방향

구분			빈도(명)	비율(%)
코로나 이후 온라인 및 디지털 미디어 활용 방향	실시간 온라인 예배	정기적인 제공 필요	185	52.7
		비정기적 제공 필요	46	13.1
		한시적 제공필요	99	28.2
		필요없음	19	5.4
		잘 모르겠음	2	0.6
	실시간 성경공부 (소그룹 교육 포함)	정기적인 제공 필요	166	47.3
		비정기적 제공 필요	82	23.4
		한시적 제공필요	81	23.1
		필요없음	21	5.6
		잘 모르겠음	1	0.3
	녹화형 예배	정기적인 제공 필요	95	27.1
		비정기적 제공 필요	63	17.9
		한시적 제공필요	118	33.6
		필요없음	66	18.8
		잘 모르겠음	9	2.6
	녹화형 교육콘텐츠 제작	정기적인 제공 필요	126	35.6
		비정기적 제공 필요	105	29.9
		한시적 제공필요	96	27.4
		필요없음	21	6.0
		잘 모르겠음	3	0.9
	교회 밖 온라인 교육 콘텐츠 활용	정기적인 제공 필요	146	41.6
		비정기적 제공 필요	108	30.8
		한시적 제공필요	81	23.1
		필요없음	11	3.1
		잘 모르겠음	5	1.4
	가정 심방 및 방문	정기적인 제공 필요	181	51.6
		비정기적 제공 필요	91	25.9
		한시적 제공필요	62	17.7
		필요없음	12	3.4
		잘 모르겠음	5	1.4

● 코로나 상황 이후에도 실시간 예배와 교육, 온라인 콘텐츠 제공 및 활용이 필요하다는 응답률이 가장 높게 나왔다.

● 또한 코로나 상황 가운데 경험되었던 가정 심방 및 방문 등의 실천은 코로나 이후에도 정기적으로 필요하다(51.6%)는 응답이 가장 높음. 이는 온라인뿐만 아니라 오프라인 교육목회에 있어서도 코로나 상황 가운데 경험한 대면·일대일 목회의 중요성을 강조한 것으로 보인다. 일대일 혹은 그룹 신앙 훈련에는 때로 비대면 사역도 매우 유용하며, 필요 시 대면 사역을 소규모로 수행할 수 있기에 적극적으로 양육 사역에 임해야 할 것으로 보인다.

[코로나 이후 교회교육 리소스]
13. 현재 코로나 상황 및 코로나 이후 교단 총회 혹은 기독교교육 연구기관 등에서 제공해주기를 바라는 교회교육 리소스(자료)는 무엇입니까? (복수 응답, 최대 3개까지)

〈표 20〉 코로나 이후 교단 총회 및 기독교교육 연구기관에서 제공 받기 바라는 교육 리소스

구분		빈도 (명)	비율 (%)*
코로나 이후 교단 총회 및 기독교교육 연구기관에서 제공 받기 바라는 교육 리소스 (복수 응답)	설교 자료(동영상, 미디어 자료 등)	135	38.5
	온-오프라인 연계 교육 프로그램 자료(성경공부 외)	134	38.2
	온-오프라인 성경공부 자료	129	36.8
	부모 교육 자료	118	33.6
	교회교육 지도자 훈련 자료(교사대학 등)	92	26.2
	절기 교육 자료	51	14.5
	가정예배 관련 자료	91	25.9
	온라인 및 미디어 제작 프로그램 교육	81	23.1
	어린이/청소년 제자훈련 자료	66	18.8

	온-오프라인 연계 성경학교 · 수련회 자료	65	18.5
	교육 리더십을 위한 영성 훈련 자료(교사 경건회 등)	50	14.2
	교회의 공적 역할 관련 자료	44	12.5
	어린이 · 청소년 이해를 위한 자료	44	12.5
	기타	3	0.9

* 비율(%)은 전체 응답자(N=351) 중 해당 비율임.

- 코로나 이후 교단과 기독교교육 연구기관에서 공급해주기를 바라는 교육 리소스로 설교 자료(38.5%)가 가장 높은 비율을 차지한다.
- 온라인-오프라인(올라인) 연계 자료(교육 프로그램, 성경공부)에 대한 필요도 높은 편이다.
- 교육 리더십을 위한 교육 자료(부모 교육, 교사 교육)에 대한 필요 또한 높은 편이다. 그러므로 기독교교육 연구기관과 총회교육자원부는 플랫폼의 역할을 좀 더 적극적으로 하는 것이 필요해 보인다.

[코로나 이후 교회교육의 방향과 실천]

14. 앞으로 코로나 이후 교회교육 현장을 위한 핵심적인 방향과 실천이 무엇이라고 생각하십니까? 자유롭게 적어주시면 감사하겠습니다. (선택 응답)

인식과 리더십의 변화

- 교회에 대한 인식 변화가 가장 중요하다고 생각합니다.
- 기성 교회 지도자들의 인식 변화
- 교회 리더십의 패러다임 변화

- 유연한 적응력과 기술
- 주도권 이양(교육 주체 전환)
- 과거로의 회귀는 불가능한 것을 인정하고 새로운 방향성을 모색해야 합니다.
- 시스템화 되어서 기성 교육으로 전환되는 것은 바람직하지 않음
- 앞으로는 코로나 이후 포스트 코로나가 아닌 위드 코로나를 준비하는 것이 올바르다고 생각됩니다. 코로나가 지속되는 가운데 사회는 먼저 포스트 코로나를 준비하였고 이제는 코로나 이후가 아닌 코로나와 함께 생활하는 위드 코로나를 준비하고 있습니다. 교회교육은 항상 한발 늦은 감이 있었습니다. 이제는 포스트 코로나가 아닌 위드 코로나를 준비하며 코로나 속에서 할 수 있는 교회교육 현장을 준비하는 것이 좋다고 생각합니다. 물론 코로나 이후도 준비해야 하겠지만 코로나가 언제 종식될지 모르는 현시점에서 막연히 코로나 이후만 바라보고 준비하는 것보다 위드 코로나를 먼저 준비하는 것이 올바른 대처라고 생각이 됩니다.

예배의 회복
- 예배의 회복과 강조(④)
- 말씀 중심의 예배 실천
- 온라인 예배만이 답은 아니라고 생각합니다. 다음세대를 생각하면 온라인 예배는 최악 중의 최악입니다. 어떻게 아이들이 유튜브를 통해서 예배를 배우겠습니까? 예배를 어떻게 온라인으로 배우겠습니

까? 온라인 예배는 아이들의 예배 교육을 완전히 무너뜨리는 것입니다. 학교에서도 대면을 하는 현 시국에 온라인 예배만을 고집하는 것은 전혀 옳지 않다고 생각합니다. 아이들을 위해서도 예배에 대한 교육이 시급합니다.

- 하나님을 함께 만나는 공동 예배의 회복
- 예배의 필요성과 성경에 대한 이해를 돕는 교육이 필요하다고 생각합니다. 화려한 공략보다 본질적인 교육이 필요하다고 생각합니다.

본질적인 사역의 회복

- 구원의 확신과 구원 받은 자의 삶의 실제
- 교회교육은 결국 하나님의 자녀들을 하나님의 자녀답게 키우는 것이라고 생각합니다. 예수님의 삶을 잘 알고 그 삶을 오늘날에 펼쳐 보일 수 있도록 교육해야 합니다.
- 수없이 거절당하고 상처 받아도 예수님만 바라보며 그럼에도 사랑하고 있다는 메시지를 전하는 방향
- 본질적인 진리의 복음을 올바르게 깨우치고 일상이 자연스러운 믿음의 삶이 되도록

양육/목양/심방

- 교회교육은 결국 하나님의 자녀들을 하나님의 자녀답게 키우는 것으로 생각합니다. 예수님의 삶을 잘 알고 그 삶을 오늘날에 펼쳐 보일 수 있도록 교육해야 합니다.

- 신앙의 자발성을 독려할 수 있는 교회 안팎으로 안전한 환경 만들기
- 목양과 지속적인 돌봄이 필요할 것 같아요! (심방)
- 아이들과의 심방 및 개인적인 교제
- 장기 결석 가정들을 향한 관심과 지속적인 심방

오프라인 강조/회복

- 회복과 다시 일어서기
- 온라인에 치중되었던 사역을 이후에 어떻게 현장과 병행해서 가게 할 수 있을 것인가에 대한 고민이 필요하다고 생각함
- 모두가 무분별하게 온라인으로만 나아가고, 이제 예배자가 아닌 소비자처럼 성도들의 신앙이 변질되어갈 때 교회교육은 흔들리지 말아야 한다고 생각합니다. 온라인도 영상도 어느 정도 필요하겠지만 오프라인의 영역을 버리지 말고 방법이 없다면 새로운 방법을 고안해내어 오프라인 교육을 반드시 지켜야 하는 것 같습니다. 더 다양하고 참신한 오프라인 교육 방식과 아날로그 감성 위주로, 온-오프라인의 균형을 맞추어 나가야 할 것 같습니다.

온라인/디지털 문화/미래 사회 변화

- 온라인 교육이 활성화되어야 합니다. 온라인으로 아이들의 시선을 끌 수 있는 기독교교육을 많이 해야 합니다.
- 온라인이라는 문이 열리기 시작하면서, 아이들은 비현실적인 세계에 대한 관심이 증폭되기 시작했습니다. 최근에 메타버스라는 용어

도 등장했고, 서서히 발전해나가고 있는 시점에서 교회학교는 어떤 역할을 할 수 있을지 고민해볼 수 있었습니다. 현실을 벗어나려는 아이들의 삶 속에 들어가 공감하며, 현실로 돌아올 수 있도록 이끄는 것이 교회학교의 역할이라고 생각이 듭니다. 이런 교육이 이루어질 수 있도록 온라인에 대한 집중적이고 세부적인 교육이 필요할 것 같습니다.

- 4차, 5차산업 시대를 대비하여 온라인의 장점 활용 방안 연구
- 메타버스(가상공간) & 교회학교 교육의 관계
- 바뀐 교회 현장과 사역의 방향 재정비, 온라인을 어떻게 더 잘 활용할지와 기획에 대한 교육
- 급변해가는 시대 속에서, 흐름을 잘 파악하고 문화적, 신앙적 측면을 지혜롭게 파고들어 이끌어나갈 수 있어야 합니다. 교회교육이 앞장설 수 있기를 기도합니다.
- 언제나 접근 가능한 온라인 예배, 소통(상담, 심방, 기도 신청) 플랫폼과 가정예배 혹은 비대면 성경 교육 활동 자료 제공
- 온라인을 사용하는 교회교육 현장은 코로나가 사라진다 해도 완전히 없앨 수는 없을 것 같습니다. 이미 교회 밖에서는 교육이나 놀이 등 많은 분야가 온라인 플랫폼을 이용하고, 아이들은 매우 익숙합니다. 불가피하게 이루어진 현 상황이지만, 총회나 기타 교회교육 기관에서 평균 수준 이상의 성경, 교육, 놀이 등의 콘텐츠를 제작 보급하면 현장의 사역자들이 (직접 제작하는 에너지를 줄이고) 잘 사용할 수 있을 듯합니다. 목회자는 지금 신앙 생활을 하는 아이들뿐 아니라,

코로나로 교회와 거리감이 생긴 아이들을 심방하고 관리하고 공동체성을 높이는 데에 집중해도 시간이 부족합니다.

- 미디어 사용의 이해도를 높여 주는 도움이 절실합니다.
- 미디어로의 전환이 불가피함으로 미디어 교육이 적극적으로 필요합니다.
- 온라인은 이제 필수입니다. 온라인에 적응하고 잘 활용할 수 있는 능력을 배양해야 합니다.
- 급변하는 시대와 세대 이해가 필요합니다.
- 새로운 혁명 시대에 맞는 다양한 시스템이 필요해 보입니다.
- 세대에 대한 분명한 이해를 바탕으로 하는 예배 및 신앙 교육의 신개념 구축이 필요합니다.
- 저는 아동부에서 찬양과 예배 진행을 맡고 있습니다. 코로나 이전에도 항상 고민이었던 것이 요즘 아이들의 무반응이었습니다. 웬만해서는 예배에 와서 웃지도 않고 입을 벌려 찬양할 때도 크게 입을 벌리는 것이 어려운 세대입니다. 코로나가 길어지면서 아이들의 일치된 이야기는 설교와 기도는 본인들이 학교 학습을 통해 매일매일 적용하고 있는 방법과 동일하기에 큰 불편함을 못 느낀다고 합니다. 하지만 찬양은 "방관자가 된다고 그냥~~~느낌이 달라요", "음악은 많이 듣지만 그것은 감상이잖아요" 하는 이야기들을 많이 합니다. 그래서 찬양 시간에 간단한 게임을 하면 현장에 있는 아이들도 온라인으로 예배드리는 아이들에게도 대답이 옴을 경험합니다. 가능하시다면 비대면 게임, 비대면 시에 서로 소통할 수 있는 자료들이 제공된다면

실질적으로 큰 도움이 될 것 같습니다.

교회-가정 연계

- 교회-가정 연계
- 가정 세우기 운동
- 부모 신앙 교육
- 가정예배의 회복
- 가정이 주체가 되는 신앙 교육의 회복
- 가정과 부모에 대한 교육 & 개인 양육 및 교육
- 가정예배로 예배의 형태가 달라져야 할 것입니다. 우리 자녀의 신앙을 교회에만 의지하는 것이 아니라 가정에서 부모가 직접 말씀으로 양육해야 할 것입니다. 그러므로 부모가 먼저 말씀에 깨어 있어야 할 것입니다.
- 가정 연계 교육. 그러나 그냥 교재는 히즈쇼나 파이디온을 쓰는 게 낫다고 느낍니다. 기독교교육연구원에 바라는 점은 절기마다 성탄, 부활, 추수감사 등을 잘 챙기도록 신경 써 주시면 좋겠습니다. 교회와 가정 연계로 말입니다.
- 가정에서의 신앙 교육을 위한 매뉴얼과 자료가 필요합니다.

총회/기독교교육 연구기관의 역할

- 총회의 전문적이고 총력적 지원, 중·소형 교회 인력 및 물적 지원이 절실합니다.

- 교계 차원에서 더 검증된 교육 자료가 시급해 보입니다. 개교회 중심의 한국교회 시스템의 한계성이 현재 여실히 드러납니다. 각 교회마다 수준 차이가 너무나도 심한 현실 속에서 다음세대를 위한 새로운 시도는 중·소 교회에서는 불가능한 상황입니다. 그렇다고 대형 교회에서만 진행되는 다음세대를 위한 다양한 시도는 한국 기독교에 큰 이바지를 한다고 생각하지 않습니다. 결국 교계 차원에서 공적 프로그램으로서 다양한 미디어 자료와 소스들을 배포할 수 있는 기관이 필요합니다. 현재 중·소 교회에서는 실시간 설교와 실시간 공과 수준이 한계입니다. 중·소 교회에서는 미디어를 기획하여 프로듀싱할 수 있는 인력도 없으며 교회 당회에서도 그 필요성은 인지하나 여러 어려운 상황 속에서 지원을 꺼려 하는 상황입니다.

공공성
- 공공성 회복이 절실합니다.
- 교회학교가 공공성의 가치를 심는 역할을 감당하였으면 좋겠습니다. 그로 인해 보편적 인간성의 회복을 꾀하길 바랍니다.

공동체 회복/연결/소통
- 공동체 회복
- 어떻게 서로 연결될 것인지, 코로나 이후 공동체는 어떻게 유지할 것인지도 배우면 좋겠어요.
- 개개인의 특성은 더욱 분화되고 달라졌습니다. 다음세대와 소통하

여 그들이 무엇을 좋아하고 찾는지 파악하고 그 안에 메시지를 전달하는 것이 중요하다고 생각합니다.

- 친밀감과 소통이 매우 필요합니다.
- 만남과 공감이라 생각합니다. 다음세대의 신앙이 코로나로 인해 더욱 정교하게 내면화되면 좋겠으나 비정상적 상황과 청소년기 특성이 잘못 자리 잡는 것에 대한 염려에서 만나고 공감하며 공통된 방향성을 찾는 작업이 필요하다고 생각합니다.

기타

- 마음이 복잡해서 적고 싶지 않습니다.

나머지 응답들

- 내적으론 자기성찰과 영성 훈련(내가 어디서 왔으며 어디에 있으며 어디로 가는지 분별), 외적으론 통합적이고 실천적인 신앙과 삶의 기회들을 찾고 있습니다.
- 일대일 제자 훈련이 중요하다고 봅니다.
- 복음을 향한 적극성이 필요합니다.
- 실천적 삶이 중요하며, 교회교육은 가상현실 공간에 인지가 필요합니다. 더욱이 코딩이나 미디어 리터러시에 대한 영역을 생각해야 합니다.
- 비대면과 온라인이 100퍼센트 대면과 오프라인을 대체할 수는 없다고 생각합니다. 다만 코로나 상황에 따라 한시적으로 견디기 위해

전환하는 것뿐(직접적인 대면과 소통은 인간에게 필수적이기에) 따라서 대체할 수 있다는 전제가 아닌, 간극을 줄이고 어떻게 하면 병행할 때 시너지를 낼 수 있을지 대책을 강구하는 게 바람직할 것 같습니다.

- 일대일 양육이 절실합니다.
- 물리적 거리로 멀어진 관계를 회복하기 위한 지혜로운 방안을 마련해야 합니다.
- 종교를 아편으로 만들지 않는 것이 필요해 보입니다.
- 교단 전체적으로 현장 예배의 중요성이 온라인 예배보다 더 높음을 설명할 수 있는 성서적 근거 또는 논리적 근거의 입장을 발표해주면 좋을 것 같습니다.
- 개인의 회심과 건강한 소그룹이 있어야 할 것입니다.
- 많은 것을 고민하며 그리고 어떻게 해서 '우리' 교회가 아닌 교회 전체가 서로를 세울 수 있을지를 고려할 수 있도록 인식을 바꿔야 할 때라고 생각됩니다.
- 많이들 말씀하시지만 코로나 이전으로 돌아가기는 어렵다고 생각합니다. 백신이 수급되고 다시 삶이 정상적으로 돌아오더라도 코로나 이후에는 비대면 프로그램, 일상 신앙의 회복에 초점을 맞춰 더욱 폭넓은 교육, 자료가 제공되어야 한다고 생각합니다.
- 디지털 리터러시 역량 강화와 소통 및 공동체성의 회복입니다.
- 비대면 교육 확대가 가능하면 좋겠습니다.
- 말씀으로 돌아가야 합니다. 그러나 혼잡해진 말씀을 정확히 분별해야 하며 정확한 말씀 이해가 반드시 필요합니다.

- 옛날 교육 방식(주입식) 등이 필요한 것이 아니라 아이들이 스스로 생각하고 선택할 수 있는 인내성 교육(부모에게)이 필요하다고 생각합니다.
- 기도와 말씀 중심의 사역이 필요합니다.
- 지속적인 관심이 절실합니다.
- 디아스포라 예배에 관심을 가져주시기 바랍니다.
- 온-오프라인의 연계와 가정 신앙 교육이 필요합니다.
- 신앙이 회복되는 예배 중심으로 변화해야 할 것입니다.
- 교사를 중심으로 이루어지는 다음세대를 위한 어린이 및 청소년 교육을 계획적으로 준비해야 한다고 생각합니다.
- 정상적인 예배와 믿음 생활의 회복과 성도들 간의 소통과 화합이 중요합니다.
- 왜 '교회'교육이어야 하는지 정체성이 명확한 교육이 시대의 흐름과 변화에 맞는 옷을 입고 제공되는 것이 가장 중요하다고 생각합니다.
- 온-오프라인 신앙 교육의 연계가 가능해야 할 것으로 보입니다.
- 교사의 적극적인 참여와 교사와 아이들 간의 친밀한 관계, 기도 말씀 예배 찬양 등 기본적인 신앙 훈련에 대한 태도가 교육되어야 합니다.
- 다시 본질에 충실해야 합니다.
- 이벤트성의 프로그램 위주로부터 내실 있는 프로그램으로의 전환(가령 제자훈련이나, 성경공부, 멘토링 등), 교회학교 전담 사역자의 필요(파트 사역자 말고 전임), 가정과 교회학교 연계(그런 면에서 교구 담당 교역자가 교육 부서도 맡음), 메타버스의 활용도 필요합니다.

- 시대가 변하고 이에 따라 교회교육이 변화에만 주목한다면 답은 찾을 수 없습니다. 본질과 실재에 주목해야 하며 본질은 교회학교가 좀 더 비중 있게 다루어야 하고 실재는 가정이 더 비중 있게 다루어야 한다고 생각합니다. 그리고 이를 발전시키고 묶을 수 있는 플랫폼과 방법론이 시대에 맞게 제시되어야 한다고 생각합니다.
- 총회에서 지속적으로 지교회를 모니터링하여 실제 다음세대와 각 가정이 필요한 것을 공유하고 콘텐츠화하면 좋겠습니다. 아직 개 교회, 각 부서 사역자들이 정확한 총회의 일괄적인 매뉴얼을 알지 못하여 예배 콘텐츠를 개별적으로 공부하고 만들고 있습니다.
- 가정과 교회교육이 연계해야 할 것입니다.
- 코로나 이후 핵심 방향은 교회의 주요 방침이 부모의 신앙 교육을 통한 자녀 신앙 형성 분위기를 만드는 것이 매우 절실합니다.
- 영성이 살아있는 교육이 되어야 합니다.
- 온-오프라인의 균형, 교회-가정 연계 교육의 지속성이 보장되어야 합니다.
- 말씀과 기도, 공동체성의 회복과 영혼을 향한 관심으로 씨 뿌리는 것이라고 생각합니다. 코로나 시대 학생들을 만나 이야기를 나누어 보면 그들에게 필요한 것은 복음과 공동체였습니다. 그렇기에 예배와 함께 대면으로 연결할 수 있는 소규모의 공동체 프로그램들이 필수적이라고 생각합니다.
- 예배 회복과 공동체성 회복이 가장 필요합니다.
- 과연 온라인 예배를 드렸을 때 중·고등부 친구들이 예배의 의미를

알고 예배를 통해 하나님을 찬양하고 영광 돌리며 죄를 회개하고 돌이키는 삶을 살아갈 수 있을지 의문이 들어요. 저 역시 대면하지 못하고 비대면 상황 속에서 잘 될 수 있을지도 모르겠고요. 하지만 새로운 방법이 예배를 드릴 수 없는 상황보다 더 좋은 방향이라면 배우고 따라야겠죠.

- 미디어 활용이 필요한데 어렵습니다.
- 급변하는 세대에 걸맞은 성경 교육 플랫폼을 설치하는 게 시급합니다.
- 지금은 어쩔 수 없이 코로나19에 적응해 가는 과정이라고 생각합니다.
- 좀 더 창의적이고 시대를 앞서가는 성경 교육 플랫폼 설치가 한국교회에 완성되었으면 하는 바람입니다.
- 교회 지도자들이 시대정신과 인문학적 소양을 갖추고 성경을 풀어낼 수 있는 능력을 갖추어야 합니다.
- 회집과 교류에 있어서 적절한 대처 방안이 필요하다고 봅니다.
- 주님을 향한 예배의 열망과 지속적인 노력으로 교회교육 현장을 포기하지 않는 구체적인 의지와 자구적 노력과 공동체의 연계 교단과 교파를 초월한 협의가 필요하다고 생각합니다.
- 온-오프라인 모두를 교회교육 현장에서 운영해야 합니다.
- 문자에서 미디어로 중심이 이동된, 우리와 다른 언어를 사용하는 다음세대 아이들에게 어떻게 복음을 전할 것인가? 우리는 변화에 대한 준비가 되어 있는가?
- 코로나와 관계없이 기독교적 장례 의식에 대한 신학적 검토와 교육이 이루어졌으면 좋겠습니다. 토착화를 넘어서 이교적인 것이 장례

의식에 많이 들어와 있고, 또 여러 번 드려야 하는 장례 예식은 토착
화를 넘어서 너무 많은 에너지 낭비가 아닌가 싶습니다(임종, 위로,
입관, 발인, 화장, 하관, 49제 예식 등). 교단 차원에서 장례 예식에 대한
신학적 문제를 다뤄주시고 교육되어야 한다고 생각합니다.

- 가정과 연계된 강화 및 부모 교육 방안을 강구합니다.
- 교회 안과 밖의 제자훈련과 가정에서 받을 수 있는 미디어 훈련, 부모
와 같이 할 수 있는 미디어 프로그램 등 작고 열악한 교회를 위해 콘텐
츠 "퐁당" 등을 만들어 주셔서 감사합니다. 초교파적으로 다음세대
를 위한 교육에 폭넓게 오픈하고 공유해서 다음세대도 살리고 한국
교회가 좋은 콘텐츠가 있다면 공유해 같이 갔으면 합니다. 코로나
대응 프로그램을 보면 교회의 활동을 이야기하는 것에 그치는 것이
아쉽습니다. 작은 교회들은 맡겨진 아이들에게 최선을 다해 전도하
고 있지만 큰 벽에 부딪힘이 크게 느껴집니다.
- 교회교육에 있어 온-오프라인이 얼마나 조화롭게 되며, 얼마나 빨리
새로운 교육 패러다임을 형성하고 정립하는 것인지가 제일 중요할
것 같습니다.
- 온-오프라인의 효율적인 이용 및 콘텐츠 제공이 절실합니다.
- 코로나로 인해 더욱 심해진 개인주의를 회복해야 합니다. 교회로서
의 공동체성을 가지고 모이기를 힘써야 하며 교회 안에 세상을 살아
갈 수 있는 지혜와 해답이 있음을 알고 교육해야 합니다.
- 제자의 본질을 위한 예배와 소그룹 활동과 전도 훈련과 실제입니다.
- 학생들이 교회 예배와 활동에 다시 재미를 느끼는 것이 가능하면

좋겠습니다.

- 교단의 영상 활동을 위한 재정과 도구 등의 실제적인 지원이 필요합니다.

- 교회 밖 생활에 대한 가르침, 교회의 대사회적 사역과 인식의 전환, 가정과의 신앙 연계가 필요합니다.

- 영성 훈련이 절실합니다.

- 코로나 이후 교사들의 헌신을 위한 동기부여가 점점 어려워지고 있습니다. 학생과 가정의 중요성이 많이 부각되는 반면 교사들에 대한 관심이나 교육이 상대적으로 부족한 상황이 많은지라 이에 대한 고민과 대안이 필요할 것 같습니다.

- 신앙의 기본 본질에 충실하면서도, 시대적인 변화 앞에 민감하게 반응할 수 있는 '문화적 접촉점'을 지혜롭게 잘 활용할 필요가 있습니다.

- 공동체성의 회복과 제자(리더)훈련을 통한 강화와 교회와 가정과의 연계, 그리고 현장 예배의 회복이 필요합니다.

- 먼저는 지도자들의 열정 회복이 필요하다고 생각합니다. 코로나가 장기화되면서 교사들의 열정이 감소하는 것을 목격하게 됩니다. 그렇기에 먼저는 교사 교육과 그 후 부모 교육을 통해 가정과 교회가 연계하여 사역을 진행해 나아가야 할 것입니다.

- 직접적인 만남이 필요하고 공동체성을 회복해야 합니다.

- 현장을 획기적으로 개선할 목소리를 낼 수 있는 통찰이 필요합니다.

- 코로나로 인해 본질에 대해 생각해 볼 수 있는 기회가 된 것 같습니다. 지도자인 우리도 양적인 성장이 아니라 질적인 성장을 위한 고민을

끊임없이 해야 한다고 생각합니다. 변화를 자연스럽게 생각해야 합니다. 기존처럼 회복될 것을 바라는 것이 아니라 새롭게 하나님이 일하실 것들을 기대하면서 변화를 받아들여야 하는 유연함 속에 본질을 잃지 않으려는 노력이 필요해 보입니다.

- 하나님과의 인격적인 만남이 이루어지는 교육이 필요합니다.
- 구원의 확신을 심어줄 수 있는 교육, 말씀이 삶이 되어지는 교육이 필요합니다.
- 예배와 공동체성이 함께 회복되어야 한다고 생각합니다.
- 교회교육의 목적을 분명히 하는 것과 현실적 상황에 맞는 최적의 방안을 찾는 일과 중·소형 교회들이 쉽게 접근할 수 있었으면 좋겠습니다.
- 말씀을 삶에 적용하도록 도움이 되는 콘텐츠 개발과 자료(놀이, 게임 등) 제공이 필요할 것 같습니다.
- 비대면 예배가 학생들에게는 성인보다 더 익숙합니다. 다만 개인적인 삶에 대한 멘토링이 병행되면 오히려 코로나 이전보다 만나는 폭이 더 넓어지지 않을까 생각됩니다. 또한 매체 개발에 더 많은 공을 들여야 할 것입니다.
- 교회 의존적이었던 자녀 신앙 교육이 가정에서 교회와 함께 이뤄질 필요가 시급합니다.
- 온라인을 통한 학습 방법 및 기술 지원이 필요할 것으로 보입니다.
- 개인 맞춤 신앙 교육과 상담, 양육, 예배 회복과 성경 교육(시골 교회로서 거의 대면 모임을 하였고 예배를 드렸습니다) 자료가 필요합니다.

- 말씀 기도 전도 예배, 가정과 연계한 신앙 교육 활동이 필요합니다.
- 과도한 온라인 사역을 조정해 가는 것도 필요하다고 생각합니다.
- 교회교육의 주체가 부서에서 교회 전체로 전환되어야 하며, MZ세대 및 세상과 소통하고 공생하기 위한 인지적, 경제적 쇄신이 필요합니다.
- 교육 지도자들의 변화 대응 능력과 대처 능력, 공간을 뛰어넘는 교육이 필요합니다. 이를 위해 필드에서나 교육기관에 있는 분들이나 힘을 합해야 하는 줄 믿습니다. 하나님 나라를 위해 함께 헌신했으면 좋겠습니다.
- 자생력을 길러주는 성경 교육이 절실합니다.
- 믿지 않는 가정의 부모들을 어떻게 설득해서 자녀들을 보내게 할 것인지 고민해야 합니다.
- 집중적인 성경 교육, 가정과 연계된 교육을 강화하는 것이 필요합니다.
- 교회를 다시 찾아올 수 있도록 노력해야 합니다.
- 영상 제작 교육도 필요합니다.
- 꼭 교회라는 공간에 한정해서 하는 교육에 대한 인식 탈피가 필요한 것 같습니다.
- 가정의 부모를 교사로 세워나가는 것이 가장 중요하다고 생각합니다. 부모를 교사로 양육하는 게 가장 핵심적인 방향이며 실천이라 생각합니다.
- 단순히 부서 사역자의 선에서 해결되지 않는 문제가 많이 있습니다. 부서 차원에서가 아니라 교회 전반적인 차원 더 나아가 교단과 총회에서 관심을 가지고 도움을 주지 않으면 계속해서 어려워질 것이라

생각합니다.

- 현장의 상황과 필요를 면밀하게 파악하고 도움을 주어야 합니다.
- 소통과 교육, 가정 중심 신앙 교육을 위한 목회 철학과 실천 방안, 부모신앙 교육, 다음세대 중심의 교회 생태계로의 전환도 절실합니다.
- 말씀과 기도가 기본이 되어 젊은 부부의 믿음이 더 증가할 수 있는 방법을 찾아야 한다고 생각합니다.
- 개방적인 자세, 열린 소통이 필요합니다. 온라인과 매스미디어 활용에 적극적이어야 합니다.
- 많은 세상 사람들이 교회에 대한 안 좋은 이미지를 가지고 있습니다. 그것은 우리가 교육해야 할 아이들에게도 직·간접적인 영향을 미쳤을 것이라고 생각합니다. 그들을 위해서 어떻게 전도 계획을 짜야 하고 또 실천해야 하는지 우리 모두가 고민해야 한다고 생각합니다.
- 코로나로 인하여서 '교인들이 사적인 영역에 목회자가 들어오는 것을 좋아할 것인가?'라는 질문이 생깁니다. 다들 가정 중심의 생활이 되어가고 있습니다. 어떻게 하면 가정에서 아이들이 교육을 받고 가정에서 실천할 수 있을지 생각해야 합니다.
- 코로나 이전으로 다시 돌아가는 데 시간이 많이 필요할 것 같고, 일단 섬기는 교사들의 마음이 많이 지치고 또 교회를 가지 않는 것에 대해서 저도 그렇고 많이 익숙해지는 것 같아요. 코로나 이후에 새로운 예배의 방식 등에 적응하는 것과 좋은 프로그램들이 생겨서 거기에 또 적응하겠지만 섬기는 교사들의 마음이 지치지 않게 스스로 본인의 마음과 신앙을 돌아보는 게 중요한 것 같습니다.

- 목회자와 교사의 영적 활력 회복, 온라인과 오프라인의 연계성과 상호작용성을 이해(오프라인에서만 활동하거나 연락하는 것이 전부가 될 수 없다는 것을 이해시킬 필요가 있음)해야 하고, 온라인은 보조적인 수단이라는 점을 인식하고, 공동체성의 필요성 이해와 강화가 필요합니다.

- 가상에서 더 많이 활동하는 시대이기에 '진짜', '진심'(진정성)이 교회교육 현장에 필요합니다. 다수:1이 아니라, 교회 현장에 아이들을 1:1로 만나서 한 사람 한 사람을 깨우고 세우는 일에 목회자들이 에너지를 쏟아야 할 것입니다.

- 교인이 줄어든다는 걱정보단 남은 교인들의 삶을 살피고, 세상에 당당히 나가는 하나님의 일꾼이 되도록 양육해야 합니다. 또한 과중되는 사역자의 부담과 업무에 대안이 있어야 합니다.

- 하나님께서 우리에게 주신 교회 공동체의 의미를 가슴에 새기며 보존할 수 있는 교회교육이 필요합니다.

- 오히려 보이지 않는 곳으로 나아가 가난하고 소외된 이웃을 찾아 나서서 섬겨야 한다고 생각합니다.

- 개인적인 신앙 훈련과 공동체 훈련의 조화, 세대 이해와 접근성, 친밀한 작은 공동체가 더욱 필요한 것 같습니다.

- 그리스도의 복음을 바르게 전달하는 것이 무엇인지 제대로 배워 실천해야 합니다.

- 세상 문화에 대응할 수 있는 교회 문화를 세워서 사람들을 교회로 오게 해야 하고, 온라인 예배를 위한 영상 자료 제공이 가장 필요하다

고 생각합니다. 찬양 영상뿐만 아니라 설교 시 활용될 수 있는 관련 영상 자료, 공과 지도 영상까지 필요한 것 같습니다. 교회 규모와 상황이 각기 다르고 특히 작은 교회는 교역자 혼자 예배의 모든 순서를 다 영상으로 자체 제작하기 현실적으로 굉장히 힘들기 때문입니다. 코로나로 인해 영상 제작을 위한 교육부 봉사자 수급이 어렵기도 합니다. 설교 영상만큼은 교역자 스스로 찍도록 하되 다른 부분은 전문적으로 제작된 영상으로 도움을 받을 수 있도록 제공해주시면 좋을 것 같습니다.

- 교역자, 교사, 부모가 같은 마음으로 아이들을 양육할 수 있도록 계속해서 교육과 콘텐츠를 제공해주시고 학생뿐만 아니라 졸업생들에게도 다양한 소식을 접할 수 있는 시스템이 있으면 좋겠습니다. 사실 담임 목사님들 중 다음세대에 관해 말만 하고 신경 쓰지 않는 분이 대부분입니다. 그러니 졸업생들에게도 단체 문자 부탁합니다.
- 썩어빠진 목회자들에 대하여 비판하고 세습과 장사 행위를 멈추게 해야 합니다.
- 소통을 위한 비대면 교제와 제자훈련, 소통과 교제를 위한 비대면 공동체 구축이 필요합니다.
- 기도의 회복, 예배의 회복이 절실합니다.
- 종교가 상관없어진 시대에 보다 수준 높고 깊이 있는 이해의 교육이 필요합니다. 단순한 교리, 성경 암기 이상으로 스스로 성찰할 수 있는 교육이 필요합니다.
- 코로나19가 하루속히 사라져서 예전처럼 일상적인 생활로 돌아갔

으면 좋겠습니다.

- 말씀과 기도의 신앙 본질 회복과 피교육자에 대한 깊은 이해, 온라인
과 오프라인의 연계성과 상호작용성 이해(오프라인에서만 활동하거
나 연락하는 것이 전부가 될 수 없다는 것을 이해시킬 필요가 있음), 온라
인은 보조적인 수단이라는 점 인식, 공동체성의 필요성을 이해하고
강화해야 합니다.

- 개인적인 영성 관리 및 영적 리더십 역량 강화, 비대면 속에서의 정확
한 복음 선포가 필요합니다.

- 코로나를 겪으면서 온라인 친화적으로 바뀌고 미디어 의존성이 더
강해진 어린이 청소년에 대한 이해와 새로운 접근법이 필요할 것 같
습니다. 또한, 예배와 공동체의 회복에도 힘써야 하겠습니다.

- 한 사람을 세우는 일대일 사역, 관심, 현대사회 문제에 대한 기독교
세계관으로 해석하고 답변해 줄 수 있어야 한다고 생각됩니다.

- 다음세대를 위한 준비, 교회교육 현장 중심의 교육만이 아니라 가정
과 또래 집단 속에서의 교육이 병행되어야 할 것이라고 생각됩니다.
그러기 위해서는 장년부부터 유치부까지 전체 교회가 한 가지 주제
로 움직이는 변화가 있어야 할 것입니다. 그리고 예배 장소의 다양성
에 대해서도 열려 있어야 할 것입니다. 교회를 벗어나면 예배와 상관
없는 삶에서, 캠퍼스, 가정, 카페 등 어디서든 소그룹 예배가 이루어
질 수 있도록 해야 할 것입니다.

- 가정과 교회의 연계성 있는 교육, 부모를 다음세대 교사로 세워가는
가정교육 시스템을 정착, 코로나 상황에 대응하여 온라인 교육 포맷

제공 및 교역자 역량 교육이 필요합니다.

분석

전반적으로 설문 응답자들의 바람은 복음의 본질에 충실한 교육, 진정성 있는 교사와 사역자 및 부모들의 자세 그리고 시대를 바로 이해하여 대면 및 비대면 모두를 포함하여 영혼을 사랑하고 품어주며 예수 그리스도의 제자로 다음세대를 양육하는 것을 강조하였고, 교회의 교회됨, 가정의 가정됨, 부모의 부모됨, 교역자의 높은 도덕성과 전문성을 요청하고 있음이 드러났다.

교회와 가정이 연계되어 사역을 해야 함을 거의 모든 응답자들이 인식하고 있었으며, 생활 속에서 그리스도인 됨을 자연스럽게 드러내는 주의 제자가 되어야 함을 강조하고 있다.

온라인과 오프라인을 통합하는 교육의 중요성도 더불어 강조하는 응답자가 많음도 어렵지 않게 발견할 수 있었다. 대면 교육이 효과적이고 소위 디다케 사역에 필수적이지만, 팬데믹 사태에 가능하지 않은 방법이다. 그래서 하나의 대안으로 비대면 교육, 줌을 통한 교육을 할 수밖에 없는 안타까운 상황에 빠졌다. 팬데믹이 오랜 세월 동안 없어지지 않을지도 모를 이 어정쩡한 상황에서 메타버스(Metaverse)를 정확히 이해하여 비대면-대면 교육을 적절하게 융합하는 지혜를 배우기 원한다는 바람도 발견할 수 있었다. 설문을 통해 인 코로나(In Corona), 위드 코로나(With Corona), 비욘드 코로나(Beyond Corona)에 대한 관심과 안타까움이 지대함을 느낄 수 있었다. 전 지구적인 인-비트윈(In-Between)

상황 속에 학습자들의 필요를 정확하게 파악하는 지혜와 통찰이 필요한 때이다.

온누리교회가 공유와 나눔을 실천하기 위해 예산이 많이 투여되는 CGNTV와 '퐁당'(미디어플랫폼)을 운영하는 예는 모범적이라고 할 수 있겠다. 온라인에만 맡겨놓으면 어른들은 다음세대가 스마트폰 안에서 무엇을 하는지 알 길이 없다.

메타버스의 취약점을 보완하려면 어떤 아이디어가 필요할까? 어떤 가정은 하루에 한 시간만 모든 과제, 운동, 독서가 끝나면 부모와 같이 스마트폰 타임을 갖는다. 어떤 교회는 전 가정에 성찬 빵과 포도즙을 보내고 줌 성찬식을 같은 시간에 갖는다.

"코로나19 팬데믹을 이겨낼 지혜는 무엇인가? 하나님이 주신 숙제를 하는 것이다. 교사 목사로서 자기가 할 일을 하는 것이 교단에 올라가기 전에 숙제를 하고 올라가는 것"이다.

결론: 설문조사에 대한 분석 결과는 다음의 아홉 가지로 요약해 볼 수 있다

첫째, 코로나19 시기의 비대면 교회교육에 대해서 한계를 인정하는 가운데 긍정적 영향과 부정적 영향을 준다는 것에 비슷한 수준의 응답이 나온 것으로 보아 앞으로 비대면 교회교육의 전문적인 역량 개발과 비대면과 대면을 통합할 수 있는 "하이플렉스 올(all)라인 교육"으로의 방향 전환이 필요해 보인다.

둘째, 코로나19 시기의 교회교육 사역에 있어서 중요한 교육 자료가 된 것이 동영상 플랫폼의 교회교육 영상 및 미디어 자료라는 응답이 가장 많이 나온 것으로 보아 앞으로 개 교회 차원이 아닌, 총회 차원에서의 지원과 전문가 그룹의 연대를 통해 학습자의 눈높이를 맞춘 수준 높은 영상 콘텐츠들을 제작하고 보급하는 것이 중요한 교회교육의 과제임을 확인할 수 있다.

셋째, 코로나19 시기에 교회교육 지도자로 사역하는 데 있어 가장 큰 어려움으로 비대면 가정 심방과 아이들에 대한 연락이라는 응답이 가장 많이 나온 것으로 보아 비대면 시대에 효율적이고 효과적이며, 아이들에게 감동을 줄 수 있는 심방 프로그램 개발이 중요한 교회교육의 과제임을 확인할 수 있다.

넷째, 코로나19 상황 가운데서 교회교육 지도자를 위한 교육이 제공되지 않았다는 응답이 가장 많이 나온 것으로 확인된바 코로나19 시대에 맞는 목회자 교육, 교사 교육, 부모 교육에 대한 전문 교육 커리큘럼의 개발과 강사 발굴, 개 교회, 노회, 총회 차원에서의 정기적인 교육 제공이 시급히 요청된다.

다섯째, 코로나19 시대와 코로나19 이후 시대 교회-가정 연계 신앙 교육이 가장 중요한 교육의 내용으로 응답이 나온 것으로 보아 교회-가정 연계 신앙 교육이 구체적인 개 교회 현장에서 이루어질 수 있도록 교회 전체 차원에서, 교육 부서 차원에서 실행할 수 있는 다양한 전략과 프로그램, 부모 교육 커리큘럼과 교재 등을 총회 차원에서, 기독교교육연구원의 전문적인 연구를 통해 개발하고 개 교회에 보급할 수 있어야 한다.

여섯째, 코로나19를 경험하면서 예배의 회복이 가장 시급한 교회 교육의 과제임이 설문을 통해 확인된바 코로나19 시대 온라인 실시간 예배를 효과적으로 드리는 방법과 좋은 사례를 지속적으로 발굴하고 소개하며, 온라인 예배, 현장 예배를 자연스럽게 연계할 수 있는 하이플렉스 예배 모델의 개발도 필요하다.

일곱째, 코로나19 시대 이후에도 실시간 온라인 예배와 교육, 온라인 콘텐츠 제공과 활용이 필요하다는 응답이 가장 높게 나온 것으로 보아 코로나19 시대를 경험하면서 발견한 온라인 교육의 장점을 극대화하며, 현장 교육의 장점과 균형을 맞추는 가운데 본질을 지키면서도 시대적 상황과 아이들의 눈높이를 맞출 수 있는 교육적 역량의 개발이 필요하다.

여덟째, 메타버스 개념을 따라갈 수밖에 없는 이 시대에 발생하는 '정보의 격차, 빈익빈 부익부 현상, 새로운 유형의 범죄들, 윤리적인 문제들, 보안과 기술의 남용 등은 어떻게 처리해야 하나?'와 같은 질문에 대해 메타버스를 온라인 세계의 교육으로만 받아들이기보다는 오프라인 교육과 대면 교육도 여전히 필요하다는 사실을 기억해야 한다. '메타'는 '초월'의 의미가 대세이지만 '함께'라는 의미도 있어서 대면 비대면의 융합(컨버전스)으로 생각하면 어느 정도 해결이 될 것이다.

아홉째, 큰 교회와 작은 교회 사이에 정보의 격차, 맨파워의 격차, 빈부의 격차는 남게 된다. 그러기에 큰 교회는 공유와 나눔의 예산을 책정해야 하고 사회적 책임을 다해야 할 것이다.

이제 다음 장에서는 디지털 네이티브인 MZ세대의 이해와 사역 방향, 그리고 모든 사역자의 자기 재발견에 대하여 다루고자 한다.

III. 디지털 네이티브, MZ세대 이해와 사역자의 자기 재발견

1. 들어가는 말

새로운 미래가 이미 우리 곁에 도래하였다. 인류의 역사는 본래 Before Christ(B.C.)와 Anno Domini(A.D.)로 나누는 것이 일반적이었다. 안노 도미니는 Annus, 즉 해(Year)에서 파생된 단어이고 Dominus, 즉 주님(the Lord)이기에 이를 풀어서 쓰면 Anno Domini는 주님의 해(In the year of the Christian Era)라는 라틴어 표현이 되겠다. 결국 인류의 역사는 예수님을 중심으로 이전과 이후를 나누어 생각했던 것이다. 그러나 코로나19가 인류를 강타한 이후 Before Corona와 After Corona로 쓰게 될 정도로 인류사에는 엄청난 충격이 가해지고 있으며 일종의 인류전환사가 시작되는 변곡점에 있는 듯한 인상을 받고 있다. 코로나는 인류의 대전환기의 시작을 알리는 듯하다. 무엇보다 인류의 처절하고 더러운 밑바닥, 맨얼굴을 드러내는 사건, 전환하지 않으면 공멸(共滅)하는 사건일지도 모른다는 것이 여러 학자의 전언이다.

다니엘아 마지막 때까지 이 말을 간수하고 이 글을 봉함하라

많은 사람이 빨리 왕래하며 지식이 더하리라(단 12:4)

하나님은 다니엘의 시대에 예언의 말씀을 마지막 때까지 간수하고 봉함하라고 하였고, 인류는 그동안 말씀에 순종하였다. 마지막 때의 징조를 "빨리 왕래하며 지식이 더하리라"고 하였는데 오늘날 이 두 가지가 이루어진 듯하다. 물론 앞으로는 지금보다 더 빨리 다니고 더 많은 지식이 순식간에 배가되겠지만, 다니엘서의 예언은 이미 이루어지고 있다.

생명책에 기록된 모든 이들은 구원을 받을 것이며
많은 이들이 깨어나 영생을 받기도 하고 어떤 이들은 수치를 당하겠고
지혜있는 자는 궁창의 빛과 같이 빛나고
많은 이들을 옳은 데로 돌아오게 한 자는 별과 같이 영원토록 빛나리라
(단 12:1-3).

이 글은 MZ Generation을 조명하여 기독교교육적 시각으로 오늘의 사역자들이 무엇을 어떻게 하여 많은 다음세대들을 옳은 생명길로 인도해야 할지를 구상하기 위하여 기획된 글이다. 우리 세대가 새로운 세대에 대하여 일반적으로 공유한 내용은 이것이다.

"MZ세대는 1980년대 초반부터 2000년대 초반에 걸쳐 태어난 밀레니얼세대(베이비부머의 자녀 세대+디지털 세대, XY 세대)와 Z세대(디지털

네이티브 세대)를 통칭하는 세대이다. MZ세대는 다만추(다양한 만남 추구), 프랜드(WHO+Friend, 온라인에서는 누구와도 친구가 될 수 있다는 의미), 선취력(적고 사소해도 의미 있는 참여로 문화와 기업의 변화를 이끌어냄), 판플레이(콘텐츠를 단순히 소비하는 것이 아니나 놀거리가 있는 판을 만들고, 직접 참여하고 즐길 수 있는 판에 반응하는 능력을 가짐), 클라우드 소비(구매보다는 구독을 통한 공유)를 특징으로 하며, 사회적, 경제적으로 점점 중요한 세대로 떠오르고 있다."

이 세대 구분은 대단히 넓은 것을 특징으로 한다. 먼저 M Generation은 밀레니얼세대로서 1980년대와 90년대에 태어난 아날로그와 디지털 둘 다에 익숙한 세대를 말한다. 물론 개인적 특성에 따라 아날로그에 더 향수를 갖고 있는 이들도 있다. 기본적으로 몸으로 삶을 느끼고 땀을 흘리며 일을 하고 리모트콘트롤러를 사용하기보다는 직접 손으로 기계를 다루는 것을 더 선호하며 우리의 모든 삶의 영역이 디지털화되는 것에 대한 알레르기 반응을 보이는 이들이 바로 아날로그를 선호하는 이들이다.

2. 메타버스(Metaverse), 디지털 네이티브ㅅ MZ세대들이 뛰어노는 세상

코로나19의 창궐로 인하여 아날로그-대면/Contact 세상은 갑자기 디지털-비대면/Uncontact 세상이 되어 버렸다. 그러면 컨택트 세상이 대세일 때 언택트 세상은 존재하지 않았을까? 그렇지 않다.

이미 컨택트와 언택트(언컨택트의 준말) 세상은 공존하고 있었다. 코로나19 이전에도 수많은 사람들은 얼굴을 맞대고 사람을 만나면서 동시에 소셜미디어(SNS)를 통하여 싸이월드, 월드와이드웹(www), 유튜브, 페이스북, 인스타그램, 카카오톡, 줌 등을 통하여 언택트 생활도 하고 있었다. 그러나 문제는 컨택트이냐 언택트냐가 아니다. 우리가 아날로그 세계에 있든지 디지털 세계에 있든지 간에 상호간 영향을 주고받고 의미있는 관계를 형성하며 진정한 만남이 있느냐의 여부가 진정한 문제의 핵심이다. 이를 온라인 상의 용어로는 온택트(Ontact)라고 부른다. 진정한 온택트가 형성되어야 물리적 혹은 비물리적 연결이 되는 것을 뛰어넘는 커넥티드(Connected, 연결된) 라이프(삶)=연결된 삶(Connected Life)이 되어 상호연결된 의미를 주고받는 살아있는 삶이 되는 것이다.

메타버스(Metaverse)란 '초월 혹은 함께'라는 의미를 갖는 메타(Meta)와 유니버스(universe)의 뒷글자만을 따온 버스(verse)의 합성어이다. 메타버스는 일차적으로는 가상현실, 증강현실, 라이프로깅, 거울(복제)세계와 같은 디지털 세계와 디지털 세계 속에서의 활동을 의미하지만, 그렇다고 아날로그적 활동을 배제하는 것은 아니다. 오히려 현실세계의 활동(contact)과 가상 세계의 활동(uncontact)의 통합을 의미한다고 보는 것이 더 올바른 이해라고 생각한다. 그러기에 메타가 초월과 함께라는 양자의 의미가 있음이 중요하다. 컨택트와 언택트적 삶이 협력하여 진정한 연결과 만남을 이루어내는 온택트가 중요한 것처럼, 현실세계(Present universe)와 초월세계(Beyond Universe)를 통합하여 메타버스(Metaverse)가 된다. 그러므로 기술적으로는 온라인과 오프라인을 나누어 생각하기보다는 올라인(All Line) 사역을 생각하며 오늘의 메타버스를 생각해야 할 것이다.

우리는 오랜 세월 동안 아날로그식 대면 문화 속에서 서로 모여 하나님께 예배드리고 찬송가를 부르며 기도하고 교제하고 섬기는 삶을 추구했다. 그러나 가만히 생각해 보면 기독교 신앙은 본래 눈에 보이지 않는 영적 세계 속에서 성부 하나님의 임재를 구하고 기도하며 눈에 보이지 않는 성령 하나님의 능력을 간구하며 어제나 오늘이나 그리고 영원토록 변함없는 성자 예수님을 숭배하며 그분의 가르침을 따라 살아왔다. 그러므로 그리스도인들에게 메타버스라는 개념은 전혀 새롭거나 낯선 것이 아니다. 물론 오늘날 정보 기술(Information Technology)에서 말하는 가상, 증강 현실, 라이프로깅, 거울세계와 같은 개념이 기독교에서 오랜 세월 동안 사용해왔던 영적 세계와 어떤 차이가 있을지에 대한 구체적인 논의는 필요하지만 말이다. 기독교인은 손에 잡히고 눈에 보이는 것에만 의지하여 살지 않으며, 때로는 아무 증거 없고 손에 붙잡히지 않고 눈에 보이지 않아도 영적 믿음과 소망을 갖고 오랜 세월을 살아왔기 때문이다.

메타버스를 논하는 이들은 이미 디지털 세계에 지구가 복제될 수 있으며, 그 세계에 인간의 삶이 복제되고 어디에도 없던 정보의 가상현실 속에 세상을 창조한다고 말하지만, 그 자체가 어떤 종교에서라도 얘기하거나 동의할 수 있는 낙원은 아니라는 점을 분명히 한다.* 인공지능, 사물인터넷, 로봇과 같은 발명품들이 인류의 삶을 편리하게도 또는 파멸로도 이끌 수 있는 가능성이 있는 것처럼, 가상 세계는 그 자체가 영적인 세계는 아니며 정보의 바닷속에서 게임과 디지털 코인 등이 블록체인의 기술의 발전으로 인하여 개인이나 어떤 나라의 고유한 재화가 될 수 있는 가능성이 있다는 것뿐이다. 이 연구의 자료편에서 메타버스 교회학교의 활용 방안에 관하여 김현철, 조민철의『메타버스 교회학교』를 소개할 것이며, 신학적 이해도 다룬 마상욱의 영상 〈메타버스 시대와 교회학교〉도 요약할 것이다. 요약하자면, 메타버스는 디지털 네이티브인 다음세대들이 뛰어노는 디지털 놀이터이다. 그러나 기성세대들에게도 전혀 새로운 세계가 아니며 메타버스 자체가 온라인/디지털/비대면 놀이터만을 강조하는 개념도 아니라는 점이다. 오히려 오프라인/아날로그/대면 놀이터가 겸비되어 올라인-온택트-통전적인 교육을 통해 메타버스 시대를 슬기롭게 활용함으로 진정으로 연결된, 영육 통합의 기독교교육을 이루는 플랫폼이 된다는 것이 이 섹션에서 강조하는 것이다.

3. 디지털을 불안해하며 아날로그를 선호하는 이들의 정서 탐색

러시아 태생 유대계 미국인 화학자이자 소설가인 아이작 아시모프 (Isaac Asimov: 1920~1992)의 공상과학소설 〈아이 로봇〉(I Robot, 1950)에 기반하여 만든 영화 〈아이, 로봇〉에 나오는 흑인 경찰(윌 스미스 주연)

---

* 김상균,『메타버스』 (서울: 플랜비디자인, 2021)의 핵심 내용.

의 반응이 밀레니얼세대이면서도 아날로그를 극히 선호하는 이들의 예를 잘 드러내 준다. 그의 공포에 가까운 디지털 혐오 사상은 인간의 불완전함에 대한 불안심리에 기인한다. 이러한 사상은 원작자 아시모프의 놀라운 통찰에서 비롯된 것으로써 그는 분명 20세기 사람이었는데 그의 생각과 예지는 21세기를 뛰어넘는 것이었다. 과연 인간의 과학 발전은 그 시작이 한 조각 생각 내지는 아이디어에서 비롯되었다는 점을 확인해 준다. 아시모프는 조선의 정약용과 같이 500편이 넘는 다작과 시대를 초월한 상상력을 드러낸다. 무엇보다 그의 통찰은 인간의 무한한 잠재력을 인정함과 동시에 인간의 능력은 한순간에 무너지는 약점이 있음을 간파한 것이었다. 아니나 다를까 아이로봇에서 인간처럼 발전하는 로봇은 인간처럼 감정을 갖고 거의 무한대로 지식을 습득하고 적용할 수 있는 능력을 개발한다. 이 로봇은 자신을 만들어 준 과학자를 아버지로 여기고 그에 대한 의리를 지키려고 노력하는 보통의 차원을 뛰어넘는 로봇으로 진화하였다.

혹, 이 글을 읽는 독자가 '어떻게 로봇이 배울 수 있을까'와 같은 질문을 갖고 있다면 로봇의 학습을 상상한 아시모프의 또 다른 공상과학소설과 영화인 〈바이센테니얼 맨〉(Bicentennial Man, 로빈 윌리엄스 주연)을 구해서 보기를 권한다. 이 영화에서 주인공 로봇은 어느 날 밤새 충전하면서 공부하며 정보를 축적하고, 분석하고, 응용하는 기술을 터득한다. 영화는 거의 인간화한 로봇이 결국 인간의 불완전함을 인정하는 것으로 끝난다. 여기서 한 가지 힌트를 얻을 수 있는데, 디지털화의 최대 약점은 바로 인간의 불완전성에 있다는 점이다.

바이센테니얼맨에서는 성생활까지 할 수 있고 방귀까지 뀔 수 있는 로봇으로 진화하였으나 인공심장과 인공혈액으로 결코 죽을 수 없는 로봇의 고뇌가 그려졌고, 한 여자를 죽기까지 사랑하는 그 로봇은 자신의 인공심장이 사랑하는 여인의 심장이 멈추는 그 순간 동시에 멈추는 편을 택하여 생을 마감한다. 또한 『아이 로봇』에서는 악성 바이러스에 감염된 로봇이 인간에게 해를 끼치는 것을 간파하고, 이 감염된 슈퍼컴퓨터를 폭파시킴으로써 단순한 인간을 위한 로봇으로 회귀한다. 이로써 자신의 역할을 다하는 로봇이 되는 것으로 영화가 끝난다. 이 두 소설을 기반한 영화에서 우리는 기술혁명이 부단하게 일어나는 시대에 우리가 어떻게 처신하고 다음세대를 도와야 하는지에 대한 일말의 힌트를 얻을 수 있다고 본다.

4. 결국 위대하나 동시에 비참한 인간의 본성을 간파해야

모든 인간은 노력하기에 따라 엄청난 잠재력을 발휘하여 무언가를 성취할 능력을 갖고 있다. 수백 명의 사람과 그들의 짐을 싣고 창공을 차오르는 커다란 비행기를 상상하여 보라. 그리고 그 비행기 안에 당신이 타고 있다고 생각해 보라. 수백 톤의 짐을 싣고 사뿐히 하늘로 올라가는 그 비행기를 만든 이는 사람이다. 몇 년 전 시애틀의 보잉사를 방문한 적이 있다. 그곳에서 상상을 초월하는 비행기를 조립하는 광경을 보고 적지 않게 놀랐다. 무엇보다 그 비행기의 내부에 들어가는 전자기기들을 제어하는 컴퓨터를 만들어내는 이가 누구인가? 사람이다. 그런데 이 모든 것을 이루어내는 사람을 만드신 분이 누구신가? 하나님이시다. 하나님은 인간을 위대하게 창조하셨다. 앞서 언급한 정약용과 아시모프와 같은 이들을 만드신 이도 하나님이시다. 한 인간이 태어나 500권 이상의 책을 짓고, 주변 인간을 이롭게 하고, 사회를 발전케 하는 것을 자세히 살펴보면 인간은 참으로 위대한 존재이다.

그런데 이러한 위대성을 가진 모든 인간은 한순간에 무너진다. 다윗과 같이 무예와 지혜를 가진 인간도 밧세바 앞에서는 한순간에 무너졌고, 간접 살인을 하는 타락한 존재가 되었다. 그뿐만이 아니다. 아무리 빠른 슈퍼컴퓨터를 만들어 우주를 나는 우주선을 제작하고, 이를 제어하는 컴퓨터를 만들어낼 능력이 있다고 하여도 주변에 자신의 능력보다 한 치 더 나은 사람과 경쟁하게 되면 욕심을 부리게 되어 순간적으로 실수를 한다. 그리하여 모든 사람을 불행하게 하는 참사를 빚어낸다.

무엇보다 자연의 재해 앞에 인간은 무능하게 된다. 후쿠시마 원전은 인간이 만들어낸 원자력발전소 중 가장 안전한 축에 속하며, 아무리 큰 파도가 쓰나미로 형성되어 몰려온다고 해도 다 막아낼 수 있다고 전 세계에 자랑하였으나, 2011년 후쿠시마 앞바다에서 큰 지진이 나서 쓰나미가 몰려왔을 때 인간의 모든 자랑과 공적은 한순간에 쓸려나가고 말았던 것을 우리 모두는 경험하였다. 10년이 지난 오늘날에도 그 땅에는 어떤 생명체도 존재하기 어려우며 오염수에 노출된 해양의 물고기와 방사능에 노출된 식물과 물은 어떤 생명체도 섭취하기 어렵게 되었다. 그러기에 도널드 블러쉬(Donald Bloesch)라는 신학자는 다

음과 같이 말하였다. "모든 인간은 위대하나 비참한 존재이다." 이
말은 기성세대와 다음세대 모두에게 동일하게 적용된다.

5. Millenial-Z Generation을 위한 기독교교육

MZ세대를 위한 신앙 교육의 출발은 시대의 흐름을 간파함과 동시
에 인간의 본성에 대한 확실한 연구가 뒷받침되어야 할 것이라고 본다.
MZ세대는 자기 마음에 들면 돌진하는 세대로서 이른바 "꽂히면 한다",
"눈치보지 않는다"와 같은 말이 어울리는 세대이다. 그리고 이 세대가
모두 디지털에만 꽂혀있는 세대도 아니다. 땀의 가치를 아는 세대가
아닐 거라는 오해를 함부로 하면 안 될 것이다.

1) 하나님의 형상으로 지음 받은 인류는 이 세상의 풍조를 다스리고
하나님 중심의 문화를 창달케 도와주어야!

문명의 이기인 인터넷은 급기야 메타버스 세상을 만들어내는 데까
지 이르게 되었다. 다니엘서 12장 4절에서 묘사하는 마지막 때의 모습,
즉 이리저리 빠르게 왕래하며 엄청난 지식이 날로 배가되는 현상이
현실화되는 이때, 인류는 4차산업혁명의 기술적 혁명을 만들어내고
코로나19가 가속화시킨 디지털 세상인 메타버스를 어떻게 대해야
하나를 깊이 고민하는 때가 되었다. 창세 이래로 인류는 하나님의
명령(창 1:28), 즉 땅에 충만하라, 땅을 정복하라, 모든 생물을 다스리라

는 명을 받아 지구별에 존재하여 왔다. '다스리다'는 히브리어 음역으로
는 '라다'(רדה)이고, '정복하다'는 '마샬'(משל)인데 이 둘 다 마음대로 지
배하고 통치하며 착취해도 된다는 의미와는 거리가 멀다. 하나님의
형상인 사람은 하나님의 대리인으로서 지구의 모든 생물을 관리하고
돌보며 안전하게 지킬 책임이 있다는 의미라는 점을 기억해야 한다.
신학적 오해는 오래전 인류가 범했던 지배 신학으로 빠질 우려가 있음
을 알아야 할 것이다.*

　주어진 피조세계에서 자신의 책임을 다하고 다음세대를 위하여
최선을 다하는, 피조세계 관리를 위임받은 인류의 사명을 화란의 아브
라함 카이퍼(Abraham Kuyper)는 '문화 사명'으로 명명하였는데, 의미
있는 표현이라고 본다. 하나님의 백성은 이 땅 위에서 세월의 사조가
바뀔 때마다 하나님의 뜻을 파악하고, 피조세계를 돌보며, 다음세대로
하여금 하나님의 백성으로 올바르게 살아갈 수 있도록 예수 그리스도
의 십자가 정신을 실천하는 건강한 문화를 창달할 사명을 갖고 이
땅에 태어났다.

2) 진정성은 세대를 초월하는 소통의 열쇠

　진정성(Authenticity)은 어느 세대와도 통하는 열쇠와도 같다. 최근
윤여정이라는 배우가 영화 〈미나리〉에서 미국 이민자 자녀 세대 가정

---

* 강사문, "땅에 충만하라, 땅을 정복하라," 「기독교사상」 41(1997): 179-191.

을 돕기 위해 한국에서 미국 중부로 건너가서 손주, 자식들과 나눈 진실한 대화가 전 세계 영화인들을 울렸다. 왜 그럴까? 영화 대사 중 대화의 대부분이 거의 한국어로 이루어졌으나 영화를 접한 이들은 언어, 국적에 상관없이 윤여정의 연기에 감탄하였다. 그 이유는 다른 것이 아니라 '진정성'이라는 세 글자 때문이다. 자신의 감정을 솔직하고 진실하게 표현하면 세대를 초월하여 소통이 되기 마련이다. 그러기에 MZ세대의 특성을 정확히 이해하고 그들의 필요를 아는 것이 매우 중요하고 소통의 첫걸음이 되는 것은 분명하다. 그러나 더불어 기억해야 할 것은 진정성을 갖고 다음세대를 대하는 것이다.

3) 이야기의 힘을 기억하라

시대와 세대를 초월하여 사람의 마음을 움직이는 힘은 이야기에 있다. 코로나19 시대를 지혜롭게 이겨내는 힘은 바이러스를 퇴치하는 치료제와 항체를 형성하는 백신에 있다. 그것은 변하지 않는 사실이다. 그러나 백신과 치료제 발견과 주사를 통해 바이러스에 감염되지 않아서 인간이 오래 산다고 가정해 보자. 그것이 무슨 대수이겠는가? 결국 인간에게는 건강하게 오래 사는 것보다 보람 있고 의미 있게 사는 것이 더 중요한 것이 아니겠는가? 하루를 살아도 자신이 누구인지를 알고, 자신의 존재가 그리고 자신의 능력을 통해 타인을 즐겁게 하고, 더 나아가 하나님의 마음을 흡족하게 해 드릴 수 있다면 그 인생은 복되다고 할 수 있을 것이다. 영화 〈미나리〉도 그렇고, 〈기생충〉도 그렇고, 〈아이 로봇〉과 〈바이센테니얼 맨〉도 그렇듯이, 인간의 마음에 기쁨을 주고 행복을 주는 것은 결국 하이테크놀로지가 아니라 진정성을 담보한 이야기와의 소통에 있다. 그러므로 진정성 그 다음에는 이야기의 힘을 인지하고 진솔하게 소통하려는 노력이 필요할 것이다.

4) 사랑과 배려와 인내로

신앙을 돈독하게 하고 삶의 의미와 용기와 능력을 불어넣어 주는 힘은 하나님의 사랑을 깨닫고, 나를 진정으로 사랑하고 배려해 주는 이가 주변에 있다는 확신일 것이다. 아무리 세상이 어려워도 나를 사랑하는 한 사람이 있어, 나의 필요를 채워주기 위해 배려하고 인내해 주는 타인이 한 사람 이상 있다면 넉넉히 살아갈 수 있을 것이다. 바로 이러한 사랑을 주신 분이 예수 그리스도이시다. 그러므로 예수님의 사랑을 깨닫게 하는 사랑의 친구, 배려의 친구가 바로 내가 되면 나의 곁에 있는 타인은 살아갈 힘을 얻을 것이다. 문제는 MZ세대의 차이가 아니라 그들을 품을 만한 사랑과 배려심의 결여이다. 비록 디지털 기계를 잘 다루지 못하고 컴퓨터를 다룰 능력이 부족해도 우리 곁의 다음세대를 사랑과 배려로 품어준다면 거룩한 교제가 발생할 것이다.

5) 높은 자존감을 가진 신앙인으로

높은 자존감은 좋은 대학을 나와서 돈을 많이 버는 것에 있지 않다. 돈과 명예는 필요한 것이지만 그것이 신앙생활의 필수요소는 아니다.

높은 자존감은 자신의 신앙 정체성 확립에서 비롯된다. 최근 MZ세대 중 매우 건강하고 아름다운 나눔의 본보기가 되고 있는 한 청년이 있어서 소개하고자 한다.

그는 현승원 대표이다. 한때 쓰리제이에듀라는 영어 학원을 잘 운영하여 수많은 이에게 스타 강사로 알려졌던 그가 이제는 소위 건강 학원 재벌로서 자리를 점하게 되었다. 많이 버는 만큼 매년 다음세대를 위해 100억 원 이상을 기부하는 그는 자신이 왕 같은 제사장이며 하나님의 거룩한 백성이라는 사실을 진심으로 믿고 실천하는 신앙인이다. 그는 분명 MZ세대이다. 1980년 이후에 태어났으니 말이다. 그는 어릴 때부터 정직한 신앙을 가장 중요한 가치로 알고 교육한 부모님의 도움을 받아 건강한 신앙인으로 훈련받으며 살아왔기에 오늘날 멋진 젊은 기독 신앙 기업가로 성장하여, 2,000명 이상의 어린이를 후원하고 100억 원 이상의 기부를 한 멋진 사람으로 살아가고 있다. 높은 자존감은 헛된 용기가 아니라 자신이 하나님의 자녀이며, 거룩한 백성, 왕 같은 제사장으로서 이 세상에 존재한다는 것을 알고, 믿고, 실천할 때 나오는 것이다. MZ세대를 위하여 신앙 교육을 할 때 꼭 기억해야 할 것이 바로 높은 자존감을 갖도록 하나님의 말씀으로 교육하며 본을 보여 주는 것이다.

6) 사역자의 자기 재발견

나는 목회를 자기 발견의 여정으로 정의하고 싶다. 하나님 앞에서 나의 모습을 끊임없이 점검하며, 가능하면 건강하고 균형 잡힌 단독자로서 존재하게 될 때 그의 사역은 무리 없이 수행될 것이다. 칼뱅이 『기독교 강요』에서 하나님을 아는 지식과 나를 아는 지식 사이에는 밀접한 관계가 있다는 말을 한 것처럼, 건강한 자아 형성, 높은 자존감 확립은 하나님에 대한 신학적 지식과 신앙적 확신과 매우 가까운 것이다. 예컨대, 자기 이해가 흐릿한 사람, 늘 우울한 사람, 자존감이 땅에 떨어진 사람을 우리는 겸손한 사람이라고 보지 않는다. 오히려 그 사람은 (그가 사역자라고 하여도) 마음의 치료와 회복을 받아야 할 사람이다. 그러면 어떤 사람이 하나님과 동료 인간 앞에서 건강한 사람인가? 베드로전서 2장 9절의 말씀처럼, 그는 자신을 "택하신 족속, 왕 같은 제사장, 거룩한 나라, 그의 소유된 백성"으로 이해한다. 그리고 자신의 사명을 "어두운 데서 불러내어 그의 기이한 빛에 들어가게 하신 이의 아름다운 덕을 선포"하는 것으로 알고 살아가는 사람이다. 자신이 하나님께 택함 받은 족속으로 왕 같은 제사장으로 거룩한 나라로 하나님의 소유된 백성으로 확신하는 사람이 주눅들 것이 무엇이 있겠는가? 매일 매일의 사역 현장에서 설교를 준비하고 말씀을 연구하며 사람에 대한 연구와 만남을 계속하는 사역자들은 먼저 성경적 자기 이해를 분명히 하여 그가 사막에 있든, 산꼭대기에 있든, 바이러스에 에워싸이든 간에 당당한 자기 이해, 높은 자존감을 가져야 한다. 주변에 자신보다 공부를 더 잘했거나, 상위 학위를 가진 사람이 곁에 있거나, 많은 재산이나 높은 직위를 가진 사람이 옆에 있을지라도 결코 비교하다가 자기 연민에 빠지지 않고, 부르심의 길을 뚜벅뚜벅 걸어가게 될 것이다. 하나님은 결코 외모나 조건을 보는 분이 아니시니 건강한 자기 이해, 꾸밈없는 자기 재발견을 함으로 오늘날 우리 앞에 펼쳐진 새로운 시대를 믿음으로 개척해나갈 힘을 얻기 바란다.

오늘날 사역자의 대부분은 자신이 MZ세대 혹은 MZ±15세인 경우가 많다. 인간에 대한 신학적 이해, 즉 모든 인간은 위대하나 비참하다는 명제를 기억하며 MZ세대를 대하는 것이 중요하다. 교육과 목회를 생각하기 이전에 먼저 하나님 앞에서 자기 재발견을 하는 사역자가 되어야 할 것이다. 그리고 나서 진정성 넘치는 이야기를 통하여 소통하며 사랑-배려-인내를 실천하는 가운데 이 세대를 품는 것이 필요하다. 하나님의 거룩한 백성, 왕 같은 제사장으로서 높은 자존감을 갖고 살아갈 수 있도록 신앙의 정수를 교육하면 MZ세대를 하나님 앞으로 인도하며 멋지고 영향력이 넘치는 선교적 신앙인 지도자(Missional Faith Leader)로 양육할 수 있을 것이다. 사역의 본질은 언제나 "다음세대로 하여금 예수를 믿고 생명을 얻게 하고 풍성한 삶을 살게 하는 것"(요 10:10)임을 잊지 말고 성령 안에서 성령과 함께 죽도록 충성하는 것이다.*

---

* 이 글은 2021년 5월 월간 「교회성장」에 실렸던 것을 수정 보완한 것이다.

뉴노멀 시대, 다음세대 신앙 성장을 위한 플랫폼
— 미취학~아동 세대를 중심으로

신현호 교수

(장로회신학대학교, 기독교교육학)

I. 들어가는 말

2020년 1월 코로나19가 전 세계로 확산된 후로 2년 반가량 지난 2022년 8월 현재, 교회교육 현장은 간절한 마음으로 회복을 고대하며 여러 가지 대안을 모색하는 가운데 있다. 교회교육 현장은 이른바 위드 코로나(with COVID-19) 시기에서 포스트 코로나(post COVID-19) 시기로 넘어가는 중대한 전환기를 맞이하고 있다. 이는 단지 코로나 바이러스 감염 상황의 변화를 넘어, 한국 교회교육에 다가온 도전에 대한 창조적이고 본질적인 대안 모색이 필요하게 되었음을 의미한다. 신앙의 기본적인 토대를 세워가는 미취학 및 취학 연령 어린이들이 현재 상황 속에서 어떤 신앙 경험을 하고 있는지 면밀히 살피고, 그들의 신앙이 기독교 복음에 깊이 뿌리내려 건강하게 형성되고 성장할 수 있도록 교회교육이 이루어지게 하는 것이 한국교회가 책임져야 할 중대한 과제이다.

이 글에서는 코로나 이후 미취학-아동 세대를 대상으로 하는 교회교육 현장을 분석적으로 살펴보며, 이에 대응하는 구체적인 실천 과제를 제시하고자 한다. 또한 2부 〈자료편〉에 어린이를 위한 교회 현장에 도움이 되는 교회교육 리소스를 소개할 것이다.

필자는 어린이들이 코로나 상황을 경험하면서 직면한 세 가지 도전과 환경을 심중에 두고 이야기를 펼쳐가고자 한다. 그 세 가지 도전과 환경은 다음과 같다: 1) 코로나 팬데믹과 같은 상황으로 인한 공동체적 교회교육에의 제한적 참여, 2) 온라인을 통한 비대면 예배와 교육, 3) 온라인/미디어 매체가 직·간접적으로 전달하는 기독교 신앙과 성경 이야기를 통해 어린이에게 형성되는 신앙의 이미지와 건강한 신앙 형성의 역할.

II. 어린이의 신앙 경험과 교회교육의 새로운 과제

1. 코로나 상황 속 어린이의 신앙 경험과 영적 성장

코로나 상황 속에서 어린이들은 어떤 신앙 경험을 했는가? 수개월 동안 비대면 예배와 제한적으로 교회교육 현장을 경험한 어린이들의 신앙 경험을 반성적으로 살펴보는 것이, 앞으로 오프라인(on-the-ground) 교육 실천이 핵심이 되고 온라인 교육 실천이 이에 융합된 확장된 신앙 교육을 통해 제공할 건강한 신앙 교육 프로그램을 구상함에 있어서 매우 중요한 기초 단계가 된다.

1) 코로나 상황 속 어린이의 신앙 경험

어린이들이 전 세계적으로 확산된 코로나 팬데믹을 경험함으로 이전 세대와는 전혀 다른 신앙 경험을 하였다. 미취학 연령 어린이와 취학 연령 어린이의 신앙 경험은 약간의 차이를 보이기는 하지만, Z세대(Generation Z) 혹은 알파세대라고 불리는 어린이들의 코로나 상황 속 신앙 경험은 다음과 같다고 할 수 있다.

첫째, 어린이의 신앙 경험이 관계 중심에서 정보 중심으로 변화하고 있다. 신앙 교육의 가장 중요한 기초는 신앙 공동체이며, 신앙 공동체 속에서 직접적으로 목회자-교사-성도와 함께 관계를 형성하며 신앙이 건강하게 자라가야 한다. 하지만 어린이, 특히 미취학 연령 어린이의 경우, 수개월에 걸쳐서 백신 대항 면역력과 감염 위험성 및 마스크 착용의 어려움 등의 이유로 교회 현장 예배와 교육 참석에 제약을 받았다. 이로 인해 인격적인 관계와 환대를 경험하는 신앙 교육보다는 컴퓨터 및 휴대전화 화면 너머에 있는 목회자와 교사를 정보 제공자로 만나고, 이들이 제공하는 예배 및 교육 콘텐츠를 시청하는 방식으로 신앙 교육에 참여했다. 심지어 일부 어린이들에게는 이러한 영상 기반의 교육이 온라인에서 제공되는 문화 콘텐츠와 마찬가지로 '소비'의 대상처럼 여겨지기도 했다. 때로는 목회자와 교사가 다른 세상에 사는 낯선 존재처럼 느껴지기도 하고, 대면 교육을 통한 인격적 관계를 통해서 경험되는 사랑과 복음에 대한 풍성한 이미지 전달이 약화될 가능성이 높아졌다.

하지만 코로나 팬데믹 상황 가운데 얻은 유익도 분명히 있었다. 그중 간과하지 말아야 할 한 가지 사실은 일대다(一對多) 형식으로 이루어졌던 기존의 교육 실천 중 많은 부분이 일대일(一對一) 관계를 중시하는 것으로 전환되었다는 점이다. 코로나 이전에 교회에 당연하게 찾아오던 다수의 어린이를 위한 교회교육으로부터 어린이에 대한 개별적 관심과 소통이 강화된 점(예: 비대면 가정 심방, 줌/SNS 등을 통한 개별 소통 강조 등)은 새로운 교회교육의 그림을 그려갈 때 반드시 고려해야 한다.

둘째, 어린이의 신앙 경험이 참여 중심에서 인지 중심으로 변화한 점이다. 코로나 직전까지 어린이들은 지역 교회 공동체가 가지고 있는 신앙 전통, 성경 이야기, 환경, 예배, 교육 프로그램, 소그룹, 비정기적 행사, 교회력, 기독교 상징, 친교(밥상 공동체), 봉사 등에 참여하여 다양한 방식을 통해 복음을 접하고, 하나님에 대한 이미지를 형성하며, 이를 통해 신앙이 성장하는 것을 경험할 수 있었다. 물론 코로나 이전에 이러한 자리에 참여하도록 실제로 자주 초대되었는지는 냉철하게 반성해야 하겠지만, 코로나 상황 속에서는 그러한 반성이 무색할 만큼 어린이들은 교회 현장에서 이루어지는 교육에 극히 제한적으로 참여하였고, 대부분의 교육은 보고 듣는 일방향 활동에 머무를 수밖에 없었다.

이와 더불어 교회의 형편에 따라서 어린이를 위한 예배 및 신앙 교육 자료를 제공하기 어려운 지역 교회의 경우, 교회 밖 신앙 교육 기관 및 온라인상의 교회교육 리소스가 매우 중요한 역할을 차지하게 되었다. 이러한 상황 속에서 교회에서 제공되는 교육 자료뿐만 아니라 교회 외부에서 제작된 콘텐츠를 신앙 교육의 자료로 분별하고 활용하는 이른바 디지털 신앙 교육 리터러시(literacy)* 역량을 갖추는 일이 중요하게 되었다.

셋째, 어린이의 신앙 경험은 코로나를 지나면서 상상이 제약되는 동시에 감각 중심의 특징을 보이게 되었다. 즉, 집중적이고 짧은 시간에 이루어져야 하는 온라인 경험 속에서 어린이의 관심과 참여를 이끌어 내기 위해서 감각적인 이미지와 재미 중심의 교회교육 자료와 방법의 비중이 높아졌다. 반면 긴 호흡을 가지고 말씀을 묵상하고 기도하며 신앙적 상상력을 통해 신앙을 형성하는 측면은 다소 약화되었다. 이야기, 목소리, 침묵, 공감, 신비, 헌신 등은 상상적인 교회교육 과정을 매개하는 중요한 요소인데, 이것들은 비교적 짧은 시간 동안 이루어지는 온라인 중심의 교회교육에서는 간접적으로 강조되고 경험할 수밖에 없다. 상상력이 가지는 강력한 힘은 타인이 설명하고 제공하는 내용을 뛰어넘어 자신에게 의미 있는 세계와 가치를 구성하도록 하는

---

* 문자화된 기록물을 통해 지식과 정보를 획득하고 이해할 수 있는 능력 또는 식별 능력이나 기록 판독 능력, 컴퓨터 등의 조작 능력을 가리키는 경우도 있다.

데 있다.

최근 회자되는 메타버스(metaverse)를 비롯하여 현대 온라인 및 디지털 문화는 어린이들이 새로운 세계를 상상하도록 자극하고 있다. 하지만 누군가 이미 그려놓은 이미지에 기초한 상상력은 어린이가 하나님으로부터 받은 '스스로 상상하는 신앙의 세계'와 '성경적 이미지'를 제한하는 측면도 있음을 간과해서는 안 된다. 결론적으로 교회교육 지도자는 코로나 상황 가운데 어린이들이 체험한 신앙 경험의 특성을 잘 파악하고 새로운 교회교육을 향한 여정을 나서는 것이 중요하다.

2) 새로운 환경에 노출된 어린이와 신앙 교육
: 온라인-오프라인 문화 속 시청자(혹은 소비자) vs. 능동적 신앙인

코로나 상황 가운데 가속화된 온라인 신앙 교육의 경험은 현대 교회교육이 은연중에 따르고 있던 또 하나의 측면을 수면 위로 드러냈다. 그것은 디지털 및 미디어 문화를 관통하고 있는 강력한 소비주의의 영향이다. 이것을 간단하게 확인하는 방법은 교회 지도자들이 코로나 상황 가운데 제공되고 있는 교회교육 자료의 양질 여부를 판단하는 기준이 무엇인가를 자문해보는 일이다. 예를 들어 소위 '잘 만들어진 교회교육 영상(예배/교육 등)'을 가늠하는 기준(썸네일, 디자인, 그래픽 효과, 연출, 음향 등)은 무엇인가? 이와 함께 어린이들이 좋아하는 유튜브의 영상을 선정해서 같은 질문을 던져 보았을 때 응답에 어떤 차별점이 있는가? 여기서 복음의 의미, 성경 해석과 어린이 신앙 성장의 관계,

다양한 세계/문화에 대한 기독교적 해석, 제자직과 시민직의 겸비 안내 여부 등에 대한 질문은 어떤 자리를 차지하고 있는가?

조이스 머서(Joyce Mercer)는 교회교육 안에 은연중에 깊숙이 자리하고 있는 소비주의적 요소를 지적하면서 두 가지 사항을 유의해야 한다고 주장한다.*

첫째, 양질의 교회교육을 판단하는 기준은 성경과 건강한 신학에 기초한 복음 메시지와 교회의 이미지를 제대로 제공하는가의 여부이다. 이것은 깔끔하고 수려한 이미지에 의해 신앙 교육의 질을 선택하는 것과는 차별된다.

둘째, 어린이를 소비자(consumer)가 아닌 건강한 기독교 정체성을 지닌 신앙인으로 양육해야 한다. 온라인 스트리밍 서비스를 통해서 어린이와 교회교육 지도자들에게 제공되는 간접적인 메시지는 '소비주의적인 선택'이 교회교육 영역에서도 가능하고 허용될 수도 있다는 점이다. 마치 마트에서 다양한 회사에서 제작된 옷이나 신발을 선택해서 구입하는 것처럼 교회교육도 선택과 소비의 영역으로 여겨지는 것이 아닌가? 이것이 자칫 잘못 확장된다면 복음의 메시지도 나의 상황과 여건에 따라 취사선택할 수 있는 것으로 여겨질 수도 있지 않을까? 온라인 및 디지털 시대에서 어린이가 자신이 '좋아하는' 물품의 소비자로 양육되기보다─만일 이것이 확장되면 교회와 교회교육, 교회교육 리소스도 모두 선택과 소비의 대상이 될 수도 있다!─ 하나님

---

* Joyce Ann Mercer, *Welcoming Children: A Practical Theology of Childhood* (St. Louis, MO: Chalice Press, 2005), 162-169.

나라와 공공선, 개인과 공동체, 하나님의 피조세계를 복음으로 돌보는 제자직과 시민직을 겸비하도록 돕는 교회교육적 시각이 반드시 고려되어야 한다.

2. 어린이의 신앙 성장을 위한 교회교육 플랫폼

그렇다면 어린이의 신앙 성장과 영적 성숙을 돕기 위한 교회교육 플랫폼(platform)은 어떤 모습일까? MZ세대를 위한 교회교육 플랫폼은 기독교 신앙의 본질을 간직하면서도 새로운 시대에 여전히 작동하고 있는 세 가지 성경적 특징을 필요로 한다. 그 세 가지 특징은 예수 그리스도의 복음 안에서 관계, 참여, 상상을 강조하는 교회교육이다.

1) 핵심: 예수 그리스도의 복음 중심의 교회교육 플랫폼

시대와 상황을 초월해서 교회교육 플랫폼의 핵심이 되는 것은 예수 그리스도가 중심되시는 복음이다(막 1:15, 8:35). 이 사실은 어제나 오늘이나 변함이 없다. 어린이들에게도 예수 그리스도는 자신의 삶을 구원하시고 자유롭게 하시며, 하나님 나라의 비전과 소명으로 안내해주시는 분이시다. 이 진리를 어떻게 어린이를 위한, 어린이와 함께하는 교회교육에서 강조하고 구현하는가에 따라 신앙 교육의 성공 여부가 갈린다고 해도 과언이 아니다.

그렇다면 코로나 상황 속에서, 아니 그전부터 교회교육과 신앙 전수의 위기를 반복적으로 언급하고 있는 상황 가운데, 어린이들에게 예수 그리스도가 어떻게 안내되고 교육되고 있는지를 살펴보고, 주님과의 인격적인 교제가 삶과 교육 속에서 경험되고 있는지를 살피는 일은 그 어떤 교회교육의 과제보다 선행해야 한다. 예배를 준비하고, 교육 커리큘럼과 찬양, 활동 프로그램을 선정하며, 교사와 또래 친구들 및 성도들과의 친교와 봉사를 구상할 때도 마찬가지이다. 코로나 상황 속에서 다양한 루트로 제공되고 있는 온라인/미디어 신앙 교육 콘텐츠와 찬양도 지식 전수를 넘어서 예수 그리스도의 인격과 사역을 구체적으로, 인격적으로 소개하는 효과적인 수단과 도구가 되고 있는지를 살펴야 한다.

이러한 복음 중심의 신앙 교육이 어린이들에게 잘 실천되고 있는지를 확인하는 가장 중요한 방법 중 하나는 그들의 응답과 고백을 주의 깊게 경청하며 그것을 지속적으로 공유하는 것이다.

미디어 시대에 경시될 수 있는 중요한 교육적 요소 중 하나는 어린이들의 신앙 고백이 담긴 목소리를 경청하는 일이다. 기존 교회교육의 한계가 일방향(one way)의 지식 전달 중심의 교육이었음을 많은 기독교교육 학자와 현장 지도자들이 지적한다. 그런데 코로나 상황 속에서 교회교육 현장의 관심이 어떻게 기술 매체를 통해 복음을 '전달'할까에 많은 관심을 기울인 반면, 어린이들이 성경의 이야기에 대한 자신의 영적 성찰과 고백에 어떻게 응답하는지 경청하는 일에는 부족한 것으로 여겨진다. 휴대전화를 통해 가정에서 미션을 수행하는 사진을 찍어서 교회로 보내는 것도 어린이의 신앙 교육의 점검 수단이 될 수 있다.

그런데 한 걸음 더 나아가 그들이 지금 이 어려운 상황 속에서 성경 말씀을 읽고 묵상하며 설교와 교육을 통해 복음 이야기를 어떻게 받아들이고 있는지, 하나님이 어떻게 자신의 삶과 세상 속에서 일하고 계신지를 이야기하도록 초대할 때 그들은 교회교육의 수동적 참여자에서 능동적 제자로 자라가는 여정을 즐겁게 지낼 수 있게 된다.

핵심 1: 예수 그리스도 중심의 교회교육 플랫폼 세우기

• 예수 그리스도의 복음을 모든 교회교육 실천에서 강조하기
• 온-오프라인 교육 자료 개발 및 선별 기준을 예수 그리스도의 복음 및 하나님 나라 메시지 전달 여부에 맞추기
• 복음 메시지의 전달뿐만 아니라 성경 이야기에 대한 어린이의 반응과 고백을 정기적이고 구체적인 방식으로 경청하고 공동체와 공유하기(단톡방, 밴드 등을 적극 활용)
• 어린이가 교육 콘텐츠의 소극적 소비자가 아닌 능동적 제자가 될 수 있도록 돕기

---

2) 어린이 교회교육을 위한 '관계적' 교회교육 플랫폼

포스트 코로나 시기로 나아가는 전환기에서 어린이를 위한 교회교육 플랫폼의 첫 번째 기둥은 '관계'이다. 관계적 교회교육은 어린이 신앙 교육에서 성경 교육에 버금갈 만큼 중요한 요소이다. 왜냐하면 신앙 교육은 궁극적으로 어린이와 하나님의 관계가 회복되고 깊어지는 과정이며, 이를 통해 어린이가 자기 자신, 가족과 사회, 나아가 하나님의 피조세계와 바른 관계를 맺도록 돕는 과정이기 때문이다.

신앙 교육은 형식적(formal), 비형식적(informal) 교육 모두를 통해

서 이루어지는데, 신앙 공동체를 통한 비형식적 신앙 교육은 형식적 성경 교육이 보다 구체적이고 정서적으로 실천되는 데 핵심 역할을 한다. 코로나 팬데믹 상황에서 경험했듯이 교회교육 현장은 그 어느 때보다 세대 간 이루어져야 하는 다양한 관계망이 파편화되어 있다. 심지어 지역 교회의 부서 안에 형성되어 있던 어린이-교역자-교사의 연결고리가 끊어지고, 이로 인해 어린이의 신앙 형성과 교사의 봉사에도 엄청난 영향을 미치는 것을 우리는 경험했다. 또한 코로나 팬데믹이 시작되던 시기에 유아부에서 유치부로 진급한 어린이의 경우, 코로나가 확산되는 동안에는 교회 부서의 교역자와 교사를 교회 현장에서 몇 번 만나지 못한 경우가 많았고, 코로나 확산이 조금 잠잠해지자 그 다음 부서(유년부)에 진급해야 하는 상황을 맞이하였다. 이럴 때 어린이 신앙 교육을 풍성하게 돕는 관계적 신앙 교육이 상당 부분 결여될 수밖에 없다. 교역자와 교사를 통해 얻게 되는 하나님 나라와 교회 공동체의 이미지 형성은 불가피하게 어려울 것이며, 이것은 신앙의 신념과 지식 전수에 있어서도 직접적인 영향을 미치게 된다.

이러한 어려움을 지역 교회교육 현장에서도 여러 방면으로 경험하였으며, 이를 해결하기 위해 상상력을 동원하여 전에는 한 번도 시도해 보지 않은 다양한 방법을 탐색하였다. 예를 들어 많은 교회가 드라이브 스루, 워크 스루, 비대면 가정 방문 및 교육 패키지 배달 등을 실행했다.

여기서 필자는 한 가지 교회교육적 희망을 발견한다. 교회교육의 본질은 어린이 한 사람 한 사람에게 예수 그리스도의 마음을 품고 인격적으로 다가가 그들에게 천국 복음을 전파하고, 복음의 핵심을 가르치고, 그들이 겪고 있는 어려움과 연약함을 어루만져주고 격려하는 것인데(마 9:35-36), 이 교육목회적 실천이 어려워진 코로나19 상황 속에서 어린이와 가정에 집중해서 이루어졌다는 점이다. 물론 이와 같은 돌봄의 교육은 —본서에 수록된 설문조사에서도 잘 나타나듯이— 교역자와 교사로 하여금 많은 수고와 에너지를 요청하게 된다.

코로나 상황에 익숙해지는 상황 속에서 영상 제작 노하우가 교회 규모에 상관없이 누적되었다. 하지만 이보다 더 중요한 사실은 교회교육 현장에서 어린이를 목자의 마음으로 좀 더 세심하게 챙기고 돌보는 일에 대한 책임감과 부담감이 그 어느 때보다 높아졌다는 점이다. 우리가 교회교육의 회복과 부흥을 고민할 때 우리의 책임감과 수고는 파송 받은 제자들이 그러했던 것처럼 늘어가겠지만(눅 7:1-10; 10:1-12), 그로 인해 얻는 기쁨과 열매는 그 어느 때보다 클 것이다(눅 10:17-20).

핵심 2: 관계적 교회교육 플랫폼 세우기

- 신앙 교육의 토대가 신앙 공동체의 관계에 있음을 기억하고, 교회 내 어린이를 둘러싼 관계망(교역자, 교사, 부모, 성도 등)이 촘촘하게 연결될 수 있도록 조직하기
- 직접적인 성경 메시지와 더불어, 어린이들을 향한 성도들의 격려와 축복 메시지를 부서 단위/연령 단위로 짧은 영상으로 제작 후 공유하기 (반대로 어린이들이 성도들을 위한 인내와 격려 메시지를 짧게 만들어 공유하는 것도 굉장히 큰 영향을 미칠 수 있다)
- 같은 성경 본문/구절을 함께 암송하거나 필사하고, 그 과정에서 묵상한 내용을 세대별로 나누어 성경적 관계망을 세워가기

---

3) 어린이 교회교육을 위한 '참여적' 교회교육 플랫폼

포스트 코로나 시기로 나아가는 전환기에 어린이를 위한 교회교육 플랫폼의 두 번째 기둥은 '참여'이다.

앞에서 언급했던 것처럼, 어린이는 경험과 참여를 통해 신앙 안에서 자라며 기독교적 토대를 세워가게 된다. 비대면 상황 속에서 가장 어려운 점이 바로 어린이의 직접적, 물리적 참여 환경을 만드는 일이다.

가상-증강 현실을 통한 메타버스 신앙 환경을 제공하는 것도 하나의 교육적 참여 기회를 만드는 노력이 될 수 있다. 그런데 이보다 선행되어야 할 일은 어린이를 신앙 교육의 동반자로 이해하고 각 신앙 교육의 과정 속에서 적극적 참여자로 초대하고 세우는 일이다.

예를 들어 온라인을 통한 예배와 교육이 계속 제공되는 상황 속에서 교회교육이 소수의 교육 리더(교역자, 부장, 찬양 담당)를 중심으로 이루어지면서 정작 어린이가 신앙 교육에 적극적으로 참여하는 기회가 줄어드는 것을 여러 교회 현장에서 목격했다. 하지만 어린이들은 자신들이 하나님께 선물로 받은 다양한 기질과 은사를 가지고 작은 창조자로서 신앙 교육을 더욱 풍성하게 하는 주체이자 조력자의 역할을 잘 감당할 수 있다. 어린이들이 가진 열린 마음과 적극성, 호기심 등은 신앙 전수와 신앙공유의 균형을 세우는 데 중요한 역할을 하게 된다.

특히 Z세대 혹은 알파세대에 해당하는 어린이들은 과거 그 어느 때보다도 디지털 문화와 온라인 소통에 익숙한 세대이기 때문에, 대면-비대면 교회교육 환경 속에서도 예배 순서를 담당하거나 참여하는

데 장년 세대보다 오히려 더 적극적인 참여가 가능하다. 여기서 언급하는 '참여'란 단지 온라인 교회교육 플랫폼의 참여만을 의미하는 것은 아니다. 오히려 온-오프라인을 오가며 세대와 세대, 이야기와 이야기, 사건과 사건이 어우러지는 진정한 의미의 올라인(all-line) 교회교육 전반에 어린이의 참여를 의미하는 것으로 보아야 한다.

핵심 3: 참여적 교회교육 플랫폼 세우기

• 어린이를 하나님의 형상대로 지음 받은 '작은 창조자'이자 교육 동반자로서 새롭게 바라보기
• 온-오프라인상의 예배와 교육에 어린이가 소극적 참여자가 아닌 적극적 학습자/신앙인으로 참여할 수 있는 기회를 풍성하게 제공하기(예: 기도, 성경 봉독, 자신의 은사를 통한 다양한 재능 봉헌-찬양/그리기/만들기/운동/성경 구현 등)
• 어린이를 위한 성경 이미지/미디어 영상 자료 검색 외에도, 어린이들이 직접 메이커(maker)로서 성경 이야기의 이미지를 그림/그래픽 등으로 표현하여 우리의 성경 이야기를 만드는 과정에 참여하도록 안내

---

4) 어린이 교회교육을 위한 '상상적' 교회교육 플랫폼

포스트 코로나 시대에 어린이를 위한 교회교육 플랫폼의 세 번째 기둥은 '상상'이다. 상상은 인간의 기본적인 본성이자 어린이의 신앙 형성에서 매우 중요한 자리를 차지한다. 게렛 그린(Garret Green)의 주장처럼, 상상은 인간을 향한 하나님의 계시가 드러나는 자리이자 방식이며, 이 상상을 통해 하나님께서는 어린이들에게도 복음의 말씀을 듣게 하시고 사랑의 하나님을 꿈꾸도록 허락하신다.

신앙이 하나님을 알고 믿는 전인적인 행위라고 이해할 때, 상상은 신앙적 앎의 기초를 이루는 중요한 토대가 된다. 어린이는 본디 상상하기를 즐기는 동시에, 그것을 표현하고 나누는 것을 좋아한다. 지금까지의 교회교육은 어린이들이 성경 이야기와 복음의 메시지를 나름대로 상상하고 표현하는 시간과 공간을 제공하는 데 어려움을 겪어 왔다. 1주일 168시간 동안 교회에 출석하는 시간은 대략 1시간, 그것도 찬양과 예배, 광고 등의 시간을 제외하고 나면 교사들이 어린이와 만나는 시간은 너무나도 제한적인 것이 현실이다. 하지만 지금은 오히려 신앙교육을 위한 시간과 공간의 제약을 (비록 의도하지는 않았지만) 극복하는 방법들을 지역 교회마다 나름대로 터득하기도 하고, 다양한 교육 실험을 이어가기도 한다. 이는 어린이들이 상상의 나래를 펴서 복음의 사건에 참여할 수 있는 창조적인 기회가 앞으로 늘어날 수 있다는 가능성을 보여준다.

어린이가 상상력을 통해 성경을 읽고 바라보도록 돕는 것은 그들이 성경의 '해석자'가 되도록 돕는 교육이라고 해도 틀리지 않을 것이다.

파울러가 지적하는 것처럼 어린이의 신앙이 성장하는 과정에서 중요한 신앙 교육적 경험은 교회가 제공하는 복음에 기초한 풍성한 성서적 이야기와 해석에 가능하면 풍성하게 노출되고 체험하는 것이다. 디지털 문화에 친숙한 알파세대 혹은 디지털 원주민(digital native)에게 교회에서 제공하는 영상 이미지는 성경적 정보를 습득하고 이해하는 데 매우 큰 역할을 할 수 있다.

그러나 교사와 부모의 역할이 단지 어린이들이 영상을 볼 수 있도록 스위치를 켜주는 스위처(switcher) 역할에 그치고, 어린이는 단순히 정보 습득자로만 그치게 된다면, 그들은 능동적인 성경 해석자, 제자직과 시민직을 함께 겸비하는 장성한 그리스도인으로 자라기 어려울 것이다. 지금은 오히려 이전에는 할 수 없었던 신앙 교육의 실천들을 다양하게 실험할 수 있는 상상력이 요구되고 있으며, 이는 어린이들과 함께 성령 하나님께서 이끌어주시는 진정한 비전(vision)을 발견하는 기회가 될 수 있다.

핵심 4: 상상적 교회교육 플랫폼 세우기

- 성령 하나님께서 이끄시는 창조적 교회교육이 되도록 기대하며 기도하기
- 교육 리더(교역자, 교사, 부모 등)의 역할이 단순히 영상을 찾아서 재생시키는 스위처(switcher)의 역할 이상임을 기억하고, 짧은 성경 본문/구절을 읽더라도 어린이들이 신앙적 상상력을 가지고 질문하고 이를 표현할 수 있는 기회를 지속적으로 제공하기
- 성경의 이야기와 어린이의 삶의 경험을 연결시키는 지점을 찾도록 다양한 주제를 다루도록 하고 이를 여러 가지 방식으로 표현할 수 있도록 온-오프라인 환경을 조직하기(예: 성경과 코로나/미디어/비대면/친구 관계/교회 생활/기후 변화 등 다양한 주제에 대한 느낌과 생각을 자신의 주변 공간을 찍은 핸드폰 사진과 세 줄 감상문으로 표현하기)

III. 나가는 말

우리나라 속담에 "돌다리도 두들겨 보고 건너라"라는 말이 있지만, 코로나 팬데믹 상황 속에서 어린이를 위한 교회교육 현장은 돌다리를

두들겨 볼 새도 없이 원치 않는 상황에 의해 등을 떠밀리듯 한 발 한 발을 내딛는 경험을 하였다. 하지만 그 어느 때보다 절실하게 어린이 교회교육에 대한 대안을 찾아가는 이 시간은 하나님께서 허락하신 회복을 위한 기회임이 분명하다.

여전히 소망은 예수 그리스도께 있으며, 주님과 걷는 중요한 신앙교육의 여정 가운데 우리는 어린이들의 손을 꼭 잡고 서로에게 힘이 되어주며 함께 성숙해 가는 동반자임을 명심해야 한다.

청소년 목회와 사역 노하우의 실제

김성중 교수

(장로회신학대학교, 기독교교육학)

I. 들어가는 말

코로나19 시대와 4차산업혁명 시대가 맞물려지는 이 시대 가운데 변화의 속도가 가장 빠른 청소년들을 대상으로 목회하고 사역하는 것은 쉽지 않다. 하지만 청소년들의 입장에 서서 현시대 청소년들의 특성을 이해하고 공감하며, 그들의 눈높이에 맞추기 위해 노력한다면 청소년 목회와 사역을 전문적으로, 역동적으로, 즐겁게 감당할 수 있을 것이다.

청소년 목회와 사역을 위한 중요한 키워드는 바로 휴먼 터치, 참여, 디지로그, 유튜브, 예배이다. 이 다섯 가지 키워드를 가지고 본론에서는 청소년 목회와 사역의 방법과 노하우를 제시해보고자 한다.

II. 청소년 목회와 사역 노하우의 핵심

1. 휴먼터치(Human touch)의 방법

모든 사람은 감동을 받으면 변화된다. 그런데 감동을 받으면 변화되는 정도가 가장 큰 대상은 바로 청소년들이다. 청소년들은 감동을 받으면 변화된다. 감동을 받으면 움직인다. 감동을 받으면 헌신한다. 과학 기술 문명이 발달해서 인간미를 찾기가 어려운 시대에, 감염병 위기 상황 가운데 물리적 거리두기로 인해 심리적 거리두기가 발생하는 시대에 휴먼 터치는 너무나도 중요한 목표이다. 따라서 청소년부 교사들은 어떤 프로그램을 기획하면서, 어떤 교육을 구상하면서 항상 "어떻게 하면 학생들이 감동할 수 있을까?"를 고려해야 한다.

예를 들어 보통 청소년부에서 하고 있는 심방은 결석자 심방이다. 그러나 결석자 심방은 감동을 주지 못한다. 예를 들어 2주간 교회에 나오지 않은 학생을 심방하러 학교 앞으로 찾아간다면 그 학생은 교문 앞에서 기다리고 있는 선생님을 본 순간 어떻게 반응할까? 민망해하면서 선생님께 와서 이렇게 말할 것이다. "선생님, 다음 주에는 교회 갈게요." 이러한 심방은 실패이다. 왜냐면 그 학생에게 감동을 주지 못했기 때문이다. 그래서 일상적 심방이 중요한 것이다. 이틀 전에 교회에서 봤는데도 이틀 후에 학생을 보러 학교 앞에 가는 것이다. 그러면 학생은 학교를 마치고 교문 밖으로 나오다가 선생님을 본 이후에 깜짝 놀라서 말할 것이다. "선생님! 어쩐 일이세요? 그저께도 교회에서 봤는데요." 그러면 선생님은 "너 만나러 왔지"라고 답한다면 감동을 받을 것이다. 감동은 예기치 못한 선물을 받을 때 발생하는 것이다. 이러한 심방이 예기치 못한 선물이 되는 것이다. 그리고 학생에게 더 큰 감동을 주는 것은 학생의 귀한 시간을 뺏지 않고 학생의 다음 이동 장소까지 동행하는 것이다. 예를 들어 교문 밖에서 만난 학생이 학원으로 가야 한다면 학원까지 동행하는 것이다. 이동 동선이 짧을지라도 동행하면서 "요즘 공부하느라 힘들지? 선생님은 너를 격려하고 위로하며, 너를 위해 기도한단다"라는 따뜻한 메시지를 전해준다면 감동을 받을 것이다. 그리고 학원에 들어가기 전에 "너를 위해 미리 준비했어"라고 말하며 작은 선물을 준다면 그야말로 감동의 심방이 되는 것이다. 항상 학생의 입장에서 "어떻게 하면 학생이 감동을 받을까?"를 고려할 줄 알아야 좋은 교사가 되는 것이다.

지금과 같은 코로나19 기간에 실천할 수 있는 또 다른 예를 들면 학생 이름으로 택배를 보내는 것이다. 현재와 같은 비대면 시대에는 주로 배달 앱과 온라인 쇼핑 앱을 통해서 물건을 주문하고 택배로 받는다. 그런데 그 택배는 다 부모의 이름으로 오게 된다. 그래서 학생들은 자신의 이름으로 오는 택배를 받는 것을 정말 원한다. 따라서 작은 선물이라도 학생 이름으로 택배를 보낸다면 학생들이 큰 감동을 받을 것이다.

요즘 많은 교회가 교회와 가정 연계를 시도하고 있다. 교회와 가정 연계를 위해 다양한 프로그램을 만들고, 부모 교육 프로그램을 만드는 것도 중요하지만 동시에 중요하게 생각해야 할 것은 부모에게 감동을 주어서 부모가 적극적으로 청소년 목회에 참여하게 하는 것이다. 아무리 좋은 교회-가정 연계 프로그램을 만들고, 부모 교육 프로그램을 만들어도 부모가 참여하지 않으면 아무 소용이 없기 때문이다. 그래서 부모가 적극적으로 참여할 수 있도록 먼저 부모에게 감동을 주어야 한다. 사람은 누구나 감동을 받으면 변화되고, 적극적으로 참여하게 되는 것이다.

부모에게 감동을 주는 가장 쉬우면서 좋은 실천의 방법은 청소년부 교사가 정기적으로 부모에게 손편지를 쓰는 것이다. 한 달에 한 번이든지, 분기에 한 번이든지 교사가 부모에게 학생의 교회 활동에 대한 긍정적인 평가, 행사 및 프로그램 안내, 성경 구절 등이 담긴 손편지를 써서 보내는 것이다. 휴먼 터치의 시대에 청소년들에게, 부모들에게 감동을 주는 노력이 청소년 목회와 사역 가운데 이루어져야 한다.

2. 청소년의 참여를 중심에 두는 기준

청소년들의 중요한 특징은 참여를 중시한다는 것이다. 참여를 할 수 있는 문화가 조성되어야 주인의식을 가지게 되고 능동성이 발휘된다. 예배 시간에도 사회, 대표 기도, 성경 봉독, 헌금위원 등을 학생들이 맡게 한다든지, 청소년부에서 하는 행사나 프로그램에 청소년들이 주도해서 기획을 하고 진행을 한다든지, 청소년부의 운영과 목회 계획에 청소년들의 아이디어를 반영한다든지 하는 것이다. 그렇다고 목회자나 교사들이 청소년들에게 일방적으로 참여를 강요하거나 형식적인 참여를 유도한다면 그들은 아예 흥미를 잃게 되고 수동형으로 반응하게 된다. 따라서 청소년들이 어떻게 하면 참여를 잘할 수 있을지에 대한 지혜와 노하우가 필요하다.

청소년들이 참여를 잘 하기 위해 필요한 것은 긍정적인 자극이다. 긍정적인 자극의 대표적인 것이 선물과 칭찬이다. 청소년들은 선물을 걸고 하는 것에 적극적으로 참여하게 된다. 예를 들어 청소년 아이들이 지금과 같은 온라인 안에서 진행되는 설교를 적극적으로 듣게 하는 방법으로, 설교 도중에 실시간 퀴즈를 내서 맞추는 학생에게 바로 선물을 주는 것이다. 청소년들에게 주는 선물은 너무 무겁지 않으면서도 온라인에서 바로 줄 수 있어야 좋다. 예를 들면 카카오톡에서 아이스크림 기프티콘 선물을 들 수 있다. 목회자가 온라인에서 설교하는 중에 실시간 퀴즈를 내고 바로 목회자 핸드폰으로 답을 보내게 한다. 그리고 제일 먼저 답을 보낸 학생에게 그 자리에서 바로 기프티콘 선물을 보내는 것이다. 이런 방법은 설교 중에서도 청소년들의 참여를 적극적으로 유도할 수 있고, 학생들이 집중해서 설교를 들을 수 있도록 긍정적인 자극이 될 수 있다.

이 외에도 청소년들은 인정받음에 대한 욕구가 크다. 자신이 한 것에 대해서 누군가가 칭찬해주기를 원하고, 자신의 옷차림, 헤어스타일과 같은 변화에 대해 누군가가 인정해주고 칭찬해주기를 원한다.

이런 면에서 청소년부 교사는 칭찬의 달인이 되어야 한다. 칭찬은 추상적이지 않고 구체적이어야 하고, 학생의 개별적 상황에 맞게 이루어져야 한다. 예를 들어 새로운 헤어스타일을 하고 온 학생에게 "너의 헤어스타일이 너의 분위기와 정말 잘 어울린다"라고 칭찬을 한다면 구체적이면서 개별적인 칭찬이 될 수 있다. 매사에 학생들을 칭찬해주고, 무엇인가를 같이 하자고 했을 때 조금이라도 참여했으면 잘했다고, 수고했다고 칭찬한다면, 학생들은 청소년부에서 하는 행사, 프로그램, 예배 등에 적극적으로 참여하게 될 것이다.

3. 디지로그(Digilogue)의 방법

디지로그는 디지털(Digital)과 아날로그(Analogue)의 합성어이다. 코로나19로 인해서 온라인을 기반으로 하는 디지털 문화가 청소년 사역에 중심이 되었다. 유튜브로 예배 영상을 송출하고, 줌(zoom)으로 공과 공부를 진행하고, 수련회를 진행하고 있다. 청소년 학생들과의 교제, 심방도 다양한 온라인 플랫폼(카카오톡, 인스타그램, 밴드 등)을 통해서 이루어지고 있다. 그래서 이제 청소년부 목회자와 교사들에게는 청소년 사역에 있어서 스마트폰과 같은 디지털 기기를 활용해서 청소년들의 눈높이에 맞춘 교육과 교제, 소통을 할 수 있는 능력이 요구된다. 디지털 세상에 사는 청소년들의 필요에 맞춰서 청소년부 목회자와 교사들이 디지털 세상으로 가야 한다. 그러나 동시에 아날로그의 측면도 사역 가운데 중요하게 고려해야 한다.

4차산업혁명 시대가 진행됨에 따라 과학 기술은 계속 발전할 것이지만, 인간은 과학 기술 문명에 그대로 적응해서 따라가지 않고 반대급부로 인간 본연의 인간미를 추구하고 인간다움을 찾게 된다. 즉, 인간에게는 아날로그에 대한 갈망과 향수가 내면 안에 있는 것이다. 그래서 요즘 레트로(Retro)문화가 유행하고 있는 것이다. 과거에 유행했던 것이 다시 인기를 끄는 것이 레트로문화의 내용인데, 이것은 인간미가 있었던 과거를 그리워하는 것이고, 아날로그에 대해 갈망하는 것이다. 한때 "클럽하우스"라는 앱이 인기가 있었는데 이것은 얼굴을 보는 영상이 아닌, 음성을 기반으로 하는 소통 앱이다. 클럽하우스 앱의 인기는 라디오에 대한 향수와 비슷하다고 볼 수 있다. 따라서 이제는 디지털과 아날로그를 적절하게 균형 잡은 디지로그를 추구해야 하고, 디지로그를 청소년 사역에서 구현해내기 위해 노력해야 한다.

예를 들어 온라인과 오프라인을 통합한 올(All)라인 교육도 디지로그의 구현이다. 온라인이 필요할 때는 온라인으로, 오프라인이 필요할 때는 오프라인으로, 온-오프라인이 모두 필요할 때는 온-오프라인을 모두 활용하는 것이다. 코로나19를 경험하면서 온-오프라인이 자연스럽게 호환되는 올(All)라인 교육이 이루어져야 한다. 즉, 오프라인을 온라인으로 바로 전환할 수 있는, 반대로 온라인을 오프라인으로 바로 전환할 수 있는, 그리고 온-오프라인을 함께 할 수 있는 준비를 청소년부 목회자와 교사들이 함께해 나가야 한다. 그리고 디지로그적인 프로그램을 실행할 수도 있어야 한다, 예를 들면, 아이들이 좋아하는 온라인 게임의 내용을 오프라인으로 구현해서 공동체 게임으로 진행할 수 있다. 공동체 게임에는 협동과 단합, 섬김과 봉사라는 기독교적 요소가 들어가 있기에 그 자체로 좋은 교육적 프로그램이 될 수 있다.

또 다른 예는 학생들에게 손편지를 쓰는 것인데, 카카오톡 화면 창과 같은 디자인이 되어 있는 편지지에 카카오톡에 있는 이모티콘을 스티커로 만들어서 손편지를 쓰면서 편지지에 이모티콘 스티커를 붙일 수 있게 되어 있다. 이러한 창의적인 방법으로 디지로그를 실현할 수 있는 내용은 무궁무진하다. 청소년부 목회자와 교사들이 아이디어 회의하는 시간을 정기적으로 갖고 디지로그를 실현할 수 있는 다양한 아이디어를 모으고 프로그램으로 만들어서 활용할 수 있어야 한다.

4. 기존의 유튜브 영상을 활용하는 지혜

코로나19로 인해 현장 예배 및 모임이 힘들어지자 대부분의 교회 청소년부는 사역을 온라인으로 전환하였다. 예배 영상을 찍고 유튜브로 송출해서 학생들에게 전달하여 온라인 영상 예배를 드리게 하고, 청소년부마다 유튜브 채널을 개설해서 온라인 콘텐츠를 만들어내고 있다.

영상을 찍고 영상 콘텐츠를 만들기 위해서는 아이디어와 콘텐츠 내용만 있어서는 안 된다. 영상 촬영 장비가 있어야 하고, 영상 편집 장비가 있어야 하며, 영상을 촬영하고 편집하는 기술을 가진 인력도 필요하다. 이 외에도 영상에 등장인물이 필요하면 자원할 봉사자도 필요하다. 즉, 영상 콘텐츠는 인력과 예산의 뒷받침이 있어야 잘 만들

수 있다. 그러다 보니까 상대적으로 규모가 큰 교회는 인력과 예산이 뒷받침되기 때문에 규모가 작은 교회보다 영상 콘텐츠를 잘 만들 확률이 높은 것이다. 그래서 실제로 작은 교회 청소년부에서 사역하는 목회자는 인력과 예산이 뒷받침되지 않은 상황 가운데서 영상 콘텐츠를 만들려니 엄청난 스트레스를 받고 있다. 영상 장비를 사고 싶은데 교회 예산이 없어서 중고 중에 그나마 괜찮은 영상 장비를 구하려고 이곳저곳 뛰어다닌다. 그러나 이렇게 에너지를 투자해서 어렵게 영상 콘텐츠를 만들어도 조회수는 한 자리에 머물고, 영상 콘텐츠를 만든 목회자는 김이 빠질 때가 너무나도 많다. 이런 이유로 온라인 시대가 도래함으로 말미암아 작은 교회는 더욱 사역이 힘들어지고 있다.

제대로 된 영상 장비를 살 여력도 없고, 도와줄 교사조차 없는 교회에서는 청소년들을 대상으로 어떻게 온라인 영상 사역을 할 수 있을까? 답은 확실히 있다. 그것은 영상 콘텐츠를 만드는 것에 너무 많은 에너지를 쏟지 말라는 것이다. 요즘은 유튜브 시대이다. 유튜브는 정보의 바다이다. 유튜브에는 온갖 다양한 종류와 주제의 콘텐츠, 양질의 전문적인 콘텐츠들이 이미 넘쳐나고 있다. 양질의 영상 콘텐츠를 만들 수 있는 기독 단체, 기관, 재단, 방송사, 교회들이 만든 영상 콘텐츠들을 찾아서 개 교회에서 사용하면 되는 것이다.

이렇게 본다면 일반 교회 청소년부 목회자가 가져야 하는 능력은 영상을 잘 찍고 편집해서 영상 콘텐츠를 만드는 능력이 아니라, 기존에 만들어진 영상 콘텐츠를 분별하고 분류해서, 자신의 목회에 적절하게 활용하는 능력이다.

예를 들어 청소년부 목회자가 영상을 통해서 청소년 아이들에게 8주 과정의 제자훈련을 하고 싶다면, 8주 과정의 주제를 생각해 보는 것이다. 그래서 1주에는 복음, 2주에는 기독교 역사, 3주에는 기독교 성지, 4주에는 하나님의 창조, 5주에는 사명과 진로, 6주에는 학업과 신앙, 7주에는 바른 물질관, 8주에는 청소년기의 성장과 성이라는 주제를 잡았다면 이에 맞는 유튜브의 전문적이고 좋은 강의 영상 콘텐츠를 찾는 것이다. 유튜브에는 이에 대한 좋은 영상 콘텐츠들이 다 있다. 목회자는 주제에 따른 유튜브 영상 콘텐츠를 정해서 각 주마다 제자훈련 대상 학생들에게 링크를 보내고 정한 시간까지 영상 콘텐츠를 다 시청하게 한다. 그다음 정한 시간에는 쌍방향 소통 온라인 플랫폼인 줌(zoom)에서 목회자와 학생들이 만나 목회자가 영상 콘텐츠 내용을 바탕으로 만든 질문 몇 가지를 가지고 나누는 시간을 갖는다. 즉, 플립러닝(Flipped learning: 거꾸로 학습) 방식으로 진행하는 것이다. 이렇게 본다면 목회자는 기존의 영상을 가지고 교육을 구성하고 진행하는 능력을 가지고 있어야 한다.

5. 예배의 열정

예배는 아무리 강조해도 지나침이 없다. 특히 청소년들의 신앙 성장과 성숙에 있어서 예배는 가장 중요하다. 청소년들은 수련회에 가서 뜨겁게 하나님을 인격적으로 만나는 경우가 많은데, 더 정확히 말하면 저녁 시간에 진행되는 집회 중심의 예배를 통해서 하나님을 만난다.

지금 코로나19가 청소년들에게 있어서 신앙적인 위기가 될 수 있는 이유는 그들의 신앙 생활에 가장 큰 영향을 주는 예배에 소홀해지기 쉽기 때문이다. 이제 청소년부 예배 회복에 모든 에너지와 목회적인 역량을 집중해야 한다. 청소년부 예배는 청소년들의 눈높이에 맞게 잘 구성되어야 한다.

청소년들에게는 집회 중심의 예배 형식이 필요하다. 집회 중심의 예배는 찬양, 설교, 기도회로 이루어진다. 먼저 찬양에 대한 부분을 살펴보면, 청소년들이 좋아하는 음악의 장르를 사용하면서 그 안에 하나님을 온전히 높이는 가사를 담은 찬양을 열정을 다해 부를 수 있도록 인도해야 한다. 즉, 청소년부 예배 시 부르는 찬양을 준비할 때는 찬양의 가사와 형식 모두 신경 써야 한다. 찬양의 가사는 삼위일체 하나님의 은혜에 감사하며 하나님을 온전히 높이는 내용이어야 하고, 찬양의 형식은 청소년들의 눈높이에 맞는 음악의 장르를 고려해야 한다. 그러나 현실적으로는 청소년들의 눈높이에 맞는 음악의 장르를 고려하면서 그들이 반응할 만한 수준으로 음악을 구현하는 것이 전문적인 찬양팀이 아니고서는 쉽지 않다. 메타버스(Metaverse) 시대를 맞이해서 좋은 방법이 될 수 있는 것은 바로 기존의 유튜브 영상을 활용하는 것이다. 유튜브 안에는 전문적인 청소년 찬양팀이 만들고 부르는 찬양의 영상들, 대규모 청소년 찬양 집회 라이브 영상들이 있다. 이것을 활용하는 것이다. 청소년부 목회자나 찬양팀 교사가 이번 주일 예배에서 사용할 찬양 영상들을 선별해서 구성하는 것이다. 그리고 예배 시간에는 어떤 찬양을 부르자고 멘트를 하고, 선별한 찬양 영상들을 하나하나 틀어주는 것이다. 현장 예배 시에는 앞의 스크린에 나오는 찬양 영상들을 보면서 함께 찬양하고, 온라인 예배 시에는 자신의 스마트폰이나 컴퓨터 화면에 나오는 찬양 영상들을 보면서 찬양하는 것이다. 이렇게 인도하면 참여하는 사람이 마치 큰 찬양 집회 안에 들어와 있다는 느낌이 들고 그 안에서 청소년들이 반응하며 적극적으로 찬양에 참여할 수 있다.

다음으로 설교에 대한 부분을 살펴보면 청소년 설교의 형식은 다양한 것이 좋다. 청소년들은 변화를 좋아하는 세대이기 때문에 설교의 형식도 다양한 것이 좋다. 어떤 주는 원포인트 설교를 했다가, 어떤 주는 첫째, 둘째, 셋째가 나오는 삼대지 설교를 했다가, 어떤 주는 이야기식 설교를 했다가, 어떤 주는 영화를 가지고 설교를 했다가, 어떤 주는 연극을 하면서 설교를 했다가, 어떤 주는 간증식 설교를 했다가, 어떤 주는 학생들을 설교 시간에 참여시키면서 하는 등 다양한 형식으로 설교가 진행되면 좋다. 설교의 내용은 청소년들의 삶의 다양한 고민, 걱정, 관심사에 대해 예수 그리스도의 복음이라는 기준에서 해석하고 답을 제공해주는 내용이면 좋고, 청소년들이 하나님의 꿈, 사명을 가지고 살아갈 수 있도록 도전하는 내용이면 좋다.

마지막으로 기도회에 대한 부분을 살펴보면, 설교에서 들은 내용을 바탕으로 결심하고 결단하는 기도를 뜨겁게 할 수 있도록 인도해야 한다. 청소년의 교회 생활, 가정 생활, 학교 생활, 학원 생활 가운데서 실천할 수 있는 구체적인 내용을 결단하게 하면 학생들의 삶의 변화와 연결될 수 있다.

이상과 같은 청소년 눈높이에 맞는 집회 중심의 예배를 잘 기획하고 준비해서 진행해야 한다. 온라인 예배로 진행될 경우는 실시간 예배가 진행되어야 하며, 현장 예배와 같이 출석을 반드시 체크하면서 정한 시간에 공동체가 함께 모이는 것이 공적인 예배의 의미임을 청소년들에게 인지시켜야 한다.

III. 나가는 말

코로나19 이전에도 청소년부는 위기였고, 코로나19 시대 속에서 청소년부는 생존의 위기를 맞이하고 있다. 이러한 상황 가운데서 많은 청소년부 목회자, 교사들은 지쳐 있고, 사역에 대한 열정이 식어가고 있다. 하지만 위기는 기회이다. 예수님의 복음을 전하는 사명자에게 위기는 새로운 방향을 찾고 나아갈 수 있는 기회이다. 청소년들을 뜨겁게 사랑하는 가운데 현시대 청소년들을 마음으로 공감하며, 그들의 눈높이를 맞추기 위한 다양한 노력이 적극적으로 수반된다면 분명 청소년 목회와 사역에 새로운 희망을 발견할 수 있을 것이다.

뉴노멀 시대의 가정 신앙 교육의 요청과 실천 현장*

신형섭 교수

(장로회신학대학교, 기독교교육학)

I. 들어가는 말: 뉴노멀 시대에 다시 소환된 가정과 부모

2020년 1월, 한국 사회에 찾아온 코로나 팬데믹은 오랫동안 다음세대 신앙 교육의 갱신을 고민하던 한국교회에 변하지 않고는 지속하기 어려운 새로운 목회 환경을 마주하게 하였다. 이러한 코로나 팬데믹 위기 앞에서 한국교회는 가정과 부모를 긴급히 신앙 전수의 현장으로 소환하였다. 이전처럼 교회에 마음껏 모여 예배와 기도, 찬양과 교제를

---

* 이 글은 필자가 「목회와 신학」 (2021년 12월호)에 기고한 "교회와 가정이 연계하는 올라인 차세대 목회"를 수정 및 보완한 글임을 밝힌다.

지속할 수 없는 상황에서 가정은 다음세대 신앙 전수의 핵심적인 현장으로 재개념화되었고, 부모는 가정의 신앙 교사로서 부름 받았다.

이 글은 코로나의 상황 안에서 재개념화된 가정 신앙 교육에 대한 성서적이고, 교육목회적인 함의점들을 확인하고, 새롭게 등장한 부모 세대인 MZ 젊은 부모 세대를 고려한 교육목회의 구체적인 현장과 실천들을 안내하고자 한다.

II. 다음세대 신앙 전수, 부모가 관건이 되다

"2021 크리스천 중고생의 신앙 생활에 관한 조사연구"에 따르면 다음세대의 신앙 생활과 신앙 형성에 영향을 끼치는 요인들이 코로나 팬데믹 이전과 코로나 팬데믹 이후에 선명히 변화된 것을 발견할 수 있다.

크리스천 청소년 500명을 대상으로 현재 자신의 신앙 성장에 가장 큰 도움을 받는 신앙 활동을 물었을 때, 교회 예배와 설교가 코로나 이전(2019년도, 60%)이나 이후(2021년도, 50%)에도 동일하게 가장 큰 영적 사건이라고 말했지만, 그다음으로 영향을 받는 사건에 코로나 이전에는 집회와 수련회(37%)였는데 코로나 이후에는 가정예배(27%)로 응답되었다.* 코로나 이전에는 8%에 머물렀던 영향력이 코로나

---

* http://mhdata.or.kr/mailing/Numbers102nd_210702_Full_Report.pdf 내 3페이지 [2021. 7. 22. 접속] 한국교회연구원(예장통합)·목회데이터연구소·안산제일교회, '2021 크리스천 중

상황을 통하여 27%로 세 배 이상 높아지게 되었다.

자신의 신앙 생활에 가장 크게 영향을 주는 대상(1+2순위)에 대한 설문에도 가정의 영향력은 두드러지게 나타났다. 어머니는 코로나 이전(2019년도, 53%)이나 이후(2021년도, 54%)에도 동일하게 가장 큰 영향을 주는 대상이었지만, 두 번째로 영향을 주는 대상이 코로나 이전에는 목회자(33%)였는데, 코로나 이후에는 이 자리를 아버지(33%)가 차지하게 되었다.[*]

안타까운 현실은 가정과 부모에 대한 신앙 전수의 책임과 실천의 중요성이 점점 강조되는 것과 대조적으로 적지 않은 믿음의 가정에는 부모를 통한 세대 간 신앙 전수를 감당하기 위한 합당한 역량이 준비되어 있지 않다는 것이다. 교회학교에 자녀를 둔 부모를 대상으로 한 "가정 신앙 및 자녀 신앙 교육에 관한 조사"에 따르면, 48%의 부모들이 믿음의 부모이지만 자신의 자녀에 대한 신앙 교육 방법을 알지 못하고 있다고 대답하였고, 78%의 부모들은 이에 관한 교육을 받아본 적이 없다고 응답하였다.[**] 교역자와 교사를 대상으로 실시한 설문조사 역

고생의 신앙 생활에 관한 조사연구,' 2021. 06. 17. (전국 교회 출석 개신교 중고생 500명, 온라인 조사, 2021. 04. 08.~23.)

[*] http://mhdata.or.kr/mailing/Numbers102nd_210702_Full_Report.pdf 내 3페이지 [2021. 7. 22. 접속] 한국교회연구원(예장통합)·목회데이터연구소·안산제일교회, '2021 크리스천 중고생의 신앙 생활에 관한 조사연구,' 2021. 06. 17. (전국 교회 출석 개신교 중고생 500명, 온라인 조사, 2021. 04. 08.~23.)

[**] http://mhdata.or.kr/mailing/Numbers95th_210514_Full_Report.pdf내 7페이지. 한국 IFCJ 가정의힘, '가정 신앙 및 자녀 신앙 교육에 관한 조사,' 2021. 05. 06. (전국 5세~고등학생 자녀를 둔 교회 출석 개신교인, 1,500명, 온라인 조사, 지앤컴리서치, 2021. 04. 05.~04. 19.)

시 다음세대 교육 체제 변화 시 우선적으로 고려할 사항에 대하여 "가정과 교회, 부모와 목회자와 교사의 연대"가 1위로 응답되었으며, 지속 가능한 다음세대 교육을 위해 준비해야 하는 영역도 "자녀교육 주체로서 부모 교육 실시"가 가장 높은 응답을 보였다.*

III. 성경적 원안, 가정을 통한 세대 간 신앙 전수

교육목회의 가장 선명한 기준이 되는 성경은, 하나님께서 이 땅에 처음으로 세우신 가정 공동체에 오직 하나님의 말씀만이 우리 삶의 옳고 그름을 판단하는 기준, '선악과를 범하지 말라'는 엄중한 말씀을 주셨다. 아브라함을 통해 다음세대를 세우시는 과정에도, 출애굽과 광야의 삶에서도, 가나안 입성과 정복 사건에도, 왕정 시대와 바벨론 시대에도, 신약성경의 바울서신 곳곳에서도 일관적으로 믿음의 부모 세대가 하나님의 말씀을 자녀 세대에게 부지런히 가르치는 것임을 일관적으로 선포하고 있다. 또한 이천 년 교회사—초대교회로부터 시작하여 종교개혁 시대, 청교도 시대, 미국 대각성운동 시대, 한국 선교 초기에 이르기까지— 가운데, 시대의 영적 도전과 핍박에서도 도리어 다음세대가 강력하게 세워진 시대에는 믿음의 가정마다 부모 세대가 자녀 세대에게 삶으로 신앙을 가르치고, 입으로 말씀을 전하며,

* 대한예수교장로회총회 교육자원부, 『포스트 코로나시대, 교회교육 리부트 세미나』 (미간행물, 대한예수교장로회총회 교육자원부), 25-26.

무릎으로 기도하는 모습을 보여왔음을 일관적으로 증언하고 있다. 한국 선교 초기 문헌인 『목사지법』에도 자녀 세대 신앙 전수의 일차 책임은 주일학교가 아니라 부모와 가정임을 분명히 기록하고 있다.* 이렇듯 다음세대 신앙 전수는 '교회학교'가 책임지는 것이 아니라 '교회' 가 책임져야 한다는 말씀 앞에서의 경청과 실천의 부르심은 이미 100 여 년 전부터 논의되었던 중요한 목양적 걸음이었다.

그러하기에 부모 세대의 삶과 신앙을 통하여 자녀 세대가 믿음을 전수 받는 세대 간 신앙 전수는 코로나 팬데믹 상황에서 주어진 시대적 대안이 아니라, 원래 하나님의 말씀에서 명령해오신 성경적 원안임을 우리는 기억해야 한다. 앞에서 보았듯 너무나 선명한 성경적 명령과 교회사적 검증들이 있었으나, 코로나 팬데믹 상황 이전까지는 기존의 주일학교 의존 패러다임을 벗어나서 가정-교회 연계 패러다임으로의 전환을 전방위적으로 실행하지 못한 것이 많은 한국교회의 현장이었 다. 그러나 코로나 팬데믹 상황 안에서 한국교회는 다시금 부모 세대를 통한 세대 간 신앙 전수의 사명과 이를 위한 가정의 신앙 교사로서의 부모 정체성을 주목하게 되었으며, 이에 합당한 목회적 전략과 실천을 찾고 응답하기 시작하였다.

---

* 곽안련, 『목사지법』(京城: 朝鮮耶蘇敎書會, 1919), 269.

IV. MZ 젊은 부모 세대, 가정-교회 연계 신앙 전수의 핵심

코로나 팬데믹을 통하여 새롭게 경험하는 뉴노멀의 시대만큼이나 이 시대의 MZ 젊은 부모 세대는 이전의 세대와는 여러 면에서 다른 새로운 부모 세대임을 고려할 때, 한국교회는 이 세대들에 대한 보다 심도 있는 이해와 이를 반영한 목회가 실천되어야 할 것이다.

이들은 이른바 디지털 원주민이라 불리며 태어나고 자라난 이 세대들이기에 기존의 어떤 부모 세대보다 디지털 기기를 통한 언택트 소통과 활동에 익숙하며 단방향 전달이 아닌 쌍방향 소통이 중요한 세대이며,[*] 자신의 경험과 소신, 단순한 소비를 넘어선 의미 있는 참여와 유통과 더 나은 삶을 위한 변화를 매우 중요시 여기며 살아가는 세대다.[**] 또한 자기 개발과 자신의 관심 영역에 배움을 즐겨 참여하는 경향성이 높고,[***] 소셜 미디어상에서 유통되는 콘텐츠에 대하여 단순히 소비만이 아닌 나의 상황에 맞게 이를 재생산, 유통, 전달, 및 공적 담론 형성도 한다.[****]

---

[*] 김예원, 정현선, "MZ 세대가 선호하는 형용사별 색채 이미지와 주거 환경에 대한 기초 자료 조사 연구,"「기초 조형학 연구」22 (2021), 69.

[**] 홍소희, 김민, "MZ세대 특성에 따른 커뮤니케이션 메소드에 관한 연구,"「조형미디어학」24 (2021), 117-119.

[***] 위의 책, 120.

[****] 위의 책; 대학내일20대연구소,『밀레니얼-Z세대 트렌드 2021』(서울: 위즈덤하우스, 2020) 이러한 MZ세대의 특징을 나타내는 단어들은 다음과 같이 표현되기도 한다. 마이 싸이더 (My+side+er: 내 안에 기준을 세우고 따르다), 인플루언서블 세대(influence+able: 자신의 영향력을 알고 행동하며 변화를 만들다), 일상력 챌린저(日常力+challenger: 소소한 도전으로 일상을 가꾸는 힘을 기르다), 팔로인(follow+人: 검색보다 신뢰할 수 있는 사람을 따르다).

이러한 특징을 가진 MZ 젊은 부모 세대를 고려할때, 모든 가정과 교회가 연계하여 세대 간 신앙 전수 사건에 참여하고 동역할 수 있도록 돕는 교육목회 현장은 다음과 같은 교육 전략이 고려될 때 부모 세대와 사역적인 연결이 될 수 있으리라 생각한다.

첫째, 가정-교회 연계 신앙 전수의 교육철학이 되는 가정의 신앙 교사로서의 부모와 신앙 전수의 핵심 현장인 가정에 대한 성서적 사명과 비전은 교회학교 부모에게 주어진 선택 사항이 아니라 모든 부모 세대가 응답해야 할 순종 사항임을 지속적으로 공유해야 한다.

둘째, 교회는 부모 자신이 단지 교회학교에 자녀를 보내는 자만이 아니라 가정 안에서 신앙 전수자로서 살아갈 수 있는 성서적, 신학적, 교육적 역량을 구비시킬 수 있도록 지식 전수만이 아닌 초시·공간적 쌍방향 소통과 삶의 나눔과 다양한 가정들의 현장이 고려될 수 있는 온·오프라인 부모 역량 교육을 제공해야 한다.

셋째, 자신과 같은 관심과 경험을 가진 자들과 소그룹 안에서 삶을 나누고 도우며 성장하기를 즐겨하는 부모 세대들을 고려할 때, 교회는 이러한 부모 세대가 온·오프라인을 통하여 자신들의 삶의 이야기를 정직하고 진지하게 나눌 수 있고 신앙적 대안과 실천까지 나아갈 수 있는 자발적이고 환대적인 소그룹을 세우고 참여할 수 있도록 도와야 한다.

V. 뉴노멀 시대, 가정과 부모가 교육목회의 중심에 다시 서다!

뉴노멀 시대 안에서 한국교회의 가정과 부모는 다시 다음세대 신앙 전수의 핵심적인 사명과 실천의 과제 앞에 서게 되었다. 이를 위해 교회는 부모들과 세대 간 신앙 전수의 사명 공유, 부모를 향한 신앙 교사로서의 역량 교육, 가정과 교회가 연계된 신앙 활동 콘텐츠 제공, 가정과 교회가 소통이 가능한 환대적 플랫폼 제공을 요청받고 있다. 이러한 교육목회적 요청에 합당한 응답을 위한 실천 영역과 사례들을 소개하고자 한다.

1. 세대 간 신앙 전수가 반영된 목회 철학과 실천

가정과 부모가 다음세대 신앙 전수의 현장에 핵심적인 사명과 실천의 자리에 들어온다는 것은 단순히 이에 관련된 프로그램을 추가하는 정도로 구현되는 것이 아니다. 도리어 교회 공동체 전체가 가정과 부모를 통한 세대 간 신앙 전수를 선택이 아닌 사명의 영역에 포함되는 것임을 동의하고 참여함으로 가능해진다. 이러한 관점에서 주일예배를 통하여 정기적·비정기적으로 선포되는 세대 간 신앙 전수와 부모의 신앙 전수적 사명에 관한 성경적 부르심과 응답에 대한 선언과 결단은 매우 강력한 기독교교육적 사건이 된다.

세대 간 신앙 전수의 사명과 비전이 공유되며 나아가 실천의 현장이 세워질 수 있는 것은 단순히 이에 관련된 프로그램이 새롭게 시도되는 정도가 아니라, 교회 공동체 전체가 다음세대 신앙 전수의 부르심 앞에 동의하고 참여함으로 가능해질 때이다.

미국의 노스포인트교회, 레이크포인트교회, 캐나다의 피플교회와 같은 교회들이 코로나 상황 안에서 보다 적극적으로 신앙 부모의 부르심과 결단의 내용(21세기의 부모됨, 대본 없는 부모됨, 삶과 유산, 신앙의 어머니 되기, 디지털 시대에 부모되기 등)을 시리즈 주일 설교를 통하여 온 회중이 함께 듣고 참여하도록 인도하며 이후 온라인을 통하여 지속 공유한 것은 이에 관한 좋은 사례라고 볼 수 있다. 또한 미국의 새들백교회처럼 교회가 연중 특정한 주간을 정하여 놓고 그 기간 동안에는 부모 세대가 주일에 들은 하나님 말씀을 집에서 자녀들에게 전수하는 전교인 참여 프로젝트를 실천하며 온·오프라인으로 각 가정에서 실천한 신앙 나눔 미션의 현장과 간증들을 함께 공유함도 효과적인 시도라고 할 수 있다.

2. 교회-가정 연계 신앙양육 콘텐츠 개발과 네트워크

다음세대에게 안전하고 매력적인 신앙 생태계를 제공하기 위해서는 교회와 가정이 연계한 신앙 양육 콘텐츠가 지속적으로 제공되고, 이를 위한 네트워크가 교회와 교회, 가정과 가정, 교회와 총회, 교회와 연구기관과의 긴밀한 소통과 협력이 요청된다.

예를 들면, 대한예수교장로회총회(예장통합) 교육자원부는 유튜브를 통해서 주일예배 설교와 성경 공부 및 가정예배 연계 온라인 콘텐츠를 제공해주고 있으며, 가정 큐티 워크북인 『위드맘 위드갓』도 시리즈로 출판하고 있다.

지앤앰(Grace & Mercy)재단에서는 드라마 바이블을 활용한 PRS 가정예배 자료를 유튜브를 통해 제공하는데 이는 성경 메가 스토리 104개를 한 주에 하나씩 가정예배의 주제로 잡아서 가족이 참여하며, 주중 신앙 활동 연계 자료까지 함께 제시하고 있다.

기독교교육연구원에서는 주일예배와 주중 말씀 연계 프로그램의 대표적인 커리큘럼인 '해피투게더'를 제공하고 있고, 홈페이지와 유튜브를 통해 온라인 교육교회 live, 대림절 & 성탄절 신앙 교육, 사순절 & 부활절 신앙 교육, 여름성경학교 등의 자료를 공유하고 있다.

3. 부모 신앙 교사 역량 교육

가정이 신앙의 처음 학교이며, 부모가 신앙의 첫 교사가 되어야 함은 성경과 이천 년 교회사를 통하여 발견하는 일관적인 메시지이다. 교회는 이러한 가정 신앙 교사로서의 정체성을 부모에게 전해주되, 인지적인 동의를 넘어서 실천적인 역량을 함께 제공해주어야 한다.

최근 이와 관련된 좋은 자료들이 교회와 기독교방송국, 기독교 연구소들을 통해서 새롭게 제공되고 있음을 발견할 수 있다.

충신교회는 'Ch-Plus'라는 홈페이지(www.chplus.org)를 통해서 가정-교회 연계 부모 교육에 관한 다양한 온라인 오픈 콘텐츠를 제공하고 있으며, CGNTV는 '퐁당'이라는 앱(www.fondant.kr)을 통해서 기독교 콘텐츠 OTT 서비스를 제공하는데, 이 내용 중에는 신앙 교사로서의 부모 역량을 길러줄 수 있는 다양한 자료들이 제공되고 있다.

기독교교육연구원은 가정예배에 관련된 다양한 책자들과 인식 전환 및 실천 동영상을 제공하고 있다.

레이크포인트교회(달라스, 미국)는 '홈포인트'(www.homepointe.org)라는 가정 신앙 활동을 지원하는 홈페이지를 통해 자녀들이 태어나기 전부터 성인이 되기까지 인생 주기에 따라서 믿음의 부모들이 교회와 연계하여 어떻게 함께 성장하며 영적 리더로 살아가야 하는지를 제시하고 있다.

페리미터교회(애틀란타, 미국)는 자녀의 연령에 따른 '부모대학'(Parent University)을 운영하고 있으며, 이 커리큘럼 안에는 목회자를 비롯하여 자녀 세대를 이해하기 위한 다양한 전문가와 함께 부모의 역량을 길러내고 있다.

미국 CRC교단에서는 기독교 콘텐츠를 제공하는 홈페이지를 운영하고 있으며, 이 안에 '부모양육란'(https://network.crcna.org/parenting)을 통해서 부모들의 신앙 양육 간에 요청되는 이슈들에 관하여 유익한 책, 동영상 링크, 관련 아티클 등을 제공하고 있다.

VI. 나가는 말

비대면의 뉴노멀 시대 안에서도 여전히 허락된 대면 신앙 공동체인 가정 안에서 세대 간 신앙 전수의 사명을 받은 부모 세대와 가정이 믿음 안에서 깨어 응답함으로, 믿음의 다음세대를 지속적으로 세워가는 것은 이 시대에 하나님께서 부르시는 가장 중요한 사역 중의 하나임은 너무나 분명하다.

이를 위해서 교회는 부모들과 세대 간 신앙 전수에 대한 사명을 공유하고, 부모 세대를 향한 신앙 교사로서의 역량 교육과 가정 신앙 활동 콘텐츠를 제공하고, 가정과 교회가 소통 가능한 환대적 플랫폼을 구축해 나가야 할 것이다.

소망하기는 본 글을 통하여 나눈 이론과 현장이 오늘도 교회와 가정을 세워가는 모든 교육목회의 현장마다 뉴노멀 시대에도 멈추지 않으시고 일하시며 다음세대를 세워가시는 하나님의 지혜와 능력, 격려와 소망의 통로가 되기를 간절히 기도한다.

2부 　　　　　　　자료편

I. 미래 시대를 사는 오늘의 다음세대 이해 ― 동영상 자료

여기에 공유하는 동영상 자료들은 이 시대를 살아가며 지금 꼭 시청하여 자신의 것으로 만들면 매우 유익한 동영상을 선택하여 요약하고 기독교교육적 함의를 뽑아낸 것이다. 유튜브 안에 다 들어 있다고 저절로 자신의 것이 되는 게 아니고, 그 가운데서 선별적으로 자신에게 필요한 주제를 선택하여 다음세대 사역을 위해 잘 소화하고 적용할 때 비로소 자신의 것이 된다.

1. MZ세대, 룰 브레이커가 아닌 룰 크리에이터로 인정하라!

출처: https://youtu.be/FVnG_Eo5n58

우리의 다음세대가 버릇이 없으며 룰을 지키지 않는 세대라는 편견을 버리고 그들이 전면에 나서 사회의 주체가 될 수 있도록 용납하고 이해하고 돌봐주며 가능성을 인정하는 기성세대와 부모 세대가 되어야 하며, 디지털 기계에 대한 이해와 사용 기술을 확보하여 그들과 소통하여야 한다. 다음세대의 속도를 미워하거나 야단치지 말고 그들을 인정해야 한다(구정우 교수).

2. 메타버스 시대와 교회학교

출처: https://youtu.be/zcsH3rgGd2s

사이버 세계에 대한 신학적 정의, 메타버스 이해와 기술적 적용 가능성 모색, 일 년 동안의 시행착오를 통해 배운 것을 나누는 영상. 교회학교 지도자를 위한 영상. 이 시대의 흐름을 분간하고 분별해야 한다는 메시지(눅 12:56). 이 시대는 아날로그에서 디지털 기독교교육으로 넘어가거나 통합하거나 하는 변곡점과 같은 시대. 기술이 인류를 노예로 만들지 못하도록 다스려야 한다. 교회학교는 어떤 형태로 변해

야 하나? 디지털 세계에서도 변하지 않아야 할 것은 무엇인가? O to O 역량(온라인↔오프라인을 자유자재로 왕래하는 능력)이 이 시대에 가장 필요한 능력이다. 메타버스에 대한 연구는 앞으로 인간이 어떤 네트워크를 갖고 사느냐에 대한 이야기이다. 왜냐하면 네트워크는 지금도 그렇지만 우리의 삶을 지배하기 때문이다. 기술의 진보를 배척하면 뒤처지게 된다(예: 자동차가 나왔을 때 마부들이 직업을 잃을 것을 우려하여 영국에서 자동차가 마을로 들어오지 못하게 하여 미국의 자동차 산업에 뒤처지게 됨). 새 기술에 대하여 교회는 비관주의, 낙관주의, 현실주의, 구조주의 중 어떤 태도를 취해야 하는가? 메타버스 같은 새 이론에 대하여 단순한 긍정주의의 시각으로 판단할 것인가 아니면 사이버 자유의지론의 시각을 취할 것인가? 디지털 네이티브들은 과거의 전통들을 단순하게 받아들이거나 거부하는 데에서 벗어나 자신만의 진정한 개성을 찾는다. 이런 현상을 '특이성'이라고 마크 프렌스키는 『디지털 네이티브』라는 책에서 말했다. 이들은 새로운 종(species)이다.

〈디지털 네이티브/원주민 이해하기〉

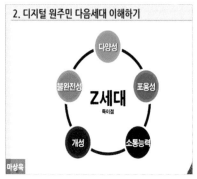

2. 디지털 원주민 다음세대 이해하기

1) 삶의 중요한 기술인 사람과의 면대면 상호작용능력이 저하.
2) 복잡한 토론에 참여할 수 있는 능력의 저하.
3) 청소년들이 실행할 수 있는 경험 부족
4) 자연 또는 야외 활동의 친근함을 가질 수 없음
5) 즐거움을 위한 독서 또는 전체읽기와 같은 건강한 독서 습관의 부재
6) 컴퓨터게임의 높은 중독성, 인터넷 상호작용에 의한 강박 증상은
   독으로 정의된다.

마상욱

그렇기에 디지털 네이티브들은 사회적 자아를 가질 능력이 부족한 경우가 많다. 그러므로 기술 자체가 나쁜 것은 아니지만 하나님과 인생 목표 그리고 마지막에 대한 우리의 시각을 잃게 만들 수 있다는 자크 엘륄의 이야기를 경청할 필요가 있다. 마상욱도 역시 카이퍼의 생각을 가져오는데 "인간이 존재하는 곳에는 모든 것을 통치하시는 예수께서 내 것(하나님의 것)이라고 소리치시지 않는 곳은 어디에도 없다"(아브라함 카이퍼, There is not a square inch in the whole domain of our human existence over which Christ, who is Sovereign over all, does not cry, Mine!)

그러므로 메타버스 시대에 교회학교가 무엇을 할 수 있으며 어떻게 가상공간을 자유자재로 넘나드는 다음세대들을 그리스도께로 거룩한 삶으로 초대하여 멘토링할 수 있을까? 에듀테크(교육과 기술을 통합한 역량)에 관심을 가져야 한다. 이를 대개 블렌디드 러닝(온라인과 오프라인 학습의 통합)과 플립러닝(거꾸로교실, 교사나 전도사님의 설교나 성경공부 내용을 미리 읽거나 영상을 보고 수업에 들어오게 하는 것)을 대개 많이 생각한다.

이 시대에 교사/사역자는 피피티를 작동하며 영상으로 녹화하여 성경 공부/설교를 만들어 학생들에게 보여 주는 방법을 취할 수 있고, 때로는 줌(Zoom)을 통하여 실시간 성경 공부나 예배를 같이 드릴 수 있다. 이를 진행하며 때로는 곰믹스, 유튜브, 구글 설문 등의 도구를 사용할 수 있다(시각화-조직화-효율화 도구를 사용해야 한다).

교회학교 사역자는 늘 다음세대 아이들의 목소리를 듣기 위해 귀를 쫑긋 세우고 그들의 문 앞에 서 있어야 한다는 슈메이커의 말을 인용한다(www.thejaywalker.com).

'우리' 아버지의 뜻을 알기 위해 예수 그리스도께 붙어 있어야 한다. 우리 모든 사역자는 '예수 중심'으로 살아야 한다(쉘톤 스미스, 릭 위렌). 복음을 전하는 새로운 기술과 방법에 대하여는 늘 열린 마음으로 배우고자 노력해야 하나, 우리 삶의 중심은 늘, 영원히 예수님이시라는 것은 변하지 않아야 한다(마상욱 목사).

3. 신앙 교육은 '모두가 연결되었음을 알려주는 교육'이며, 모든 사회적 가치가 생태계와 관련되어 있음을 인식해야 한다

출처: https://www.youtube.com/watch?v=SkHAXYBz64c

생태학자 최재천은 우리가 살 길은 생태적 전환이며 우리 모두는 서로 연결되어 있어 생태적으로 건강한 삶을 추구하는 것이 매우 중요하다고 말하고 있다. 그의 얘기는 신앙인들이 귀담아들어야 할 내용을

많이 담고 있다. 세상엔 자기 이익만을 좇아 사는 사람들과 평생을 남의 이익을 위해 사는 사람들이 있지만, 평소엔 자기를 위해서만 살다가 이웃이 어려움에 빠지면 그동안 빚을 지고 살았다며 보답하는 사람(Reciprocator)으로 헌신하는 사람들이 대부분이다. 헌혈도 하고, 금목걸이도 바치고, 어려운 이웃을 위해 밥과 국을 나눠드리는 이들이 그들이다. 비교적 진보적인 인간 이해를 갖고 있는 최 교수의 얘기는 분별적으로 들으면 도움이 된다. 모든 삶에는 모두가 같이 지켜야 할 사회적 가치라는 것이 있다. 미세먼지 발생 시, 자신을 위해 쓰던 마스크를 이제 코로나19 시대에는 나와 남을 위하여 마스크를 자발적으로 쓰는 멋진 한국 사람들, "내가 만일 남에게 바이러스를 옮긴다면 나는 나를 용서하지 못하겠다"는 성숙한 시민의식, 도덕관념을 갖고 있는 우리 민족. 이제는 한 걸음 더 나아가서 백신의 혜택을 덜 받는 사회적 약자 계급 혹은 민족들에게 바이러스의 피해가 더 컸다는 것을 인식해야 한다. 어느덧 세계 10위권의 경제 대국이 된 대한민국은 이제 기후 악당으로서의 역할에서 벗어나야 한다. 현재도 세계 7위의 이산화탄소 배출량 국가(기후변화 대응지수 61개국 중 58위)이다. 마스크 잘 쓰고, 거리두기 잘하는 우리의 다른 별명은 '기후 바보'이다. 이산화탄소의 가해자이면서 동시에 피해자인 우리나라는 이제 기후협약을 잘 지키는 나라가 되어 내가 살고 너도 살고 우리가 함께 살자는 슬로건을 걸고 생태적 전환을 해야 하며, 모든 기독교교육의 기본도 이런 사회적 가치관, 도덕적 가치관을 갖고 수행해야 한다.

최재천은 사회적 비용을 외면하고 경제적 성장만 추구해온 대한민국에 경종을 울린다. 신앙 교육의 면면은 어떠한가를 우리는 깊이 반성해야 한다. 너무도 이원론적으로 자기 영혼의 구원만을 생각해온 이기적인 신앙, 비도덕적인 사회 가치관을 가졌었다면 이제라도 돌이켜 주변 이웃을 생각하고 자연의 보존을 생각하는 기독교인이 되도록 해야 한다. 먼저 자신이 이러한 사회적 규약을 지키고, 쓰레기를 분리하여 버리고, 플라스틱을 덜 쓰며, 폭식하는 습관도 버려야 한다. 함께 연결되어 모두가 하나님 앞에서 하나님의 생태계를 위임받은 청지기로서 잘 살아가고, 잘 살아갈 수 있도록 다음세대를 양육하는 우리, 거룩한 영성으로 상생을 추구하는 균형 잡힌 민주시민, 도덕적 인간으로 키워내는 데 일조하도록 가정, 교회, 학교, 마을에서의 교육을 해야 하겠다.

4. 기성세대와 MZ세대의 갈등 이유: 소득 격차, 되물림되는 불평등

출처: https://youtu.be/UXAl6S-kmyk

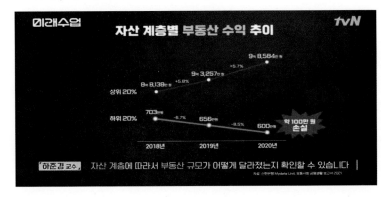

MZ세대가 사회 속에서 소외되지 않고 사회적 격차를 줄이는 비결은 무엇인가?

부모 세대는 가능하면 최선을 다해서 다음세대들의 IT 활용 능력을 키우는 것이 중요하다. 현재 본인들의 부모들이 경제·사회적으로 소외계층에 있더라도 자녀들이 어려운 상황을 세습하지 않도록 도와주려면 그리해야 한다.

네이버-라인-카카오-쿠팡-배민과 같은 IT 기업은 사원들의 연봉을 경쟁적으로 올리고 있다. 학부-5천만 원, 석사-7천만 원, 박사-1억 원을 훌쩍 넘는다. 물론 학위뿐만 아니라 경력에 따른 연봉을 지급한다. 이런 일자리들이 많이 만들어지면 청년들이 활동할 수 있는 일차 노동시장이 현재는 10% 정도인데 더 많은 일자리 기회들이 만들어져서 청년들의 경제적 세습의 격차를 줄일 새로운 기회가 창출될 수 있다. 위의 영상에서 소개하는 모바일 게임 회사는 매년 두 배씩 성장하고 있는 추세이다. 2020년에는 15배의 성장을 하여 연매출 1,500억 원을 올리고 있는 중이다.

그런데 이러한 회사를 이끌고 있는 주역은 대부분 MZ세대들이다. 이런 회사에서의 근무 분위기는 놀랍게도 사원들이 특이하고 다양한 아이디어를 내고 나누고 토론하면서 개발의 기회를 많이 갖고 있으며, 자유로운 출퇴근 시간을 활용하게 한다. 물론 코어타임을 제외하고 말이다. 아무 때나 어디서나 일하고 직책이나 연차에 상관없이 자신의 의사를 개진할 수 있는 분위기를 갖고 있다고 한다. 이 세대를 포노 사피엔스라고 부른다. 이들은 태어날 때부터 핸드폰을 자신의 신체 일부처럼 사용(핸드폰을 입고 물고 태어나는 세대)하는 신인류이기 때문이다. 특히 현재 10대 세대들은 더욱 그렇다. 이들은 자율성과 개성이 강하다. 소득도 보장되어야 자신의 능력을 발휘한다. 이러한 보장은 소득불평등을 최소화하는 데 기여한다. 그렇게 되면 혁신적 능력을 발휘하게 된다.

기성세대는 MZ세대에게 계층 이동 사다리를 제공해야 할 시점에 직면해 있다. 혹여 자신의 부모 세대가 자신을 개천에 낳았다고 해도 그들의 자녀들은 개천에서 용이 나와 날 수 있도록 기회를 제공해야 한다. 그 비결은 IT 능력 개발, 자유롭고 창의적인 가정의 분위기, 상호공존하며 돌봄의 영이 가득한 교회로 존재하여 현재 10대, 20대들이 주눅 들지 않고 자신의 달란트를 충분히 활용할 수 있도록 칭찬하여야 한다. MZ세대는 룰 브레이커가 아닌 이 사회의 룰 크리에이터(Rule

Creator)라는 점을 기억하고, 그들을 마음으로 재정으로 격려로 최선을 다해 지원해야 한다. 이것이 부모 세대인 '가정과 교회'의 어른들이 하나님께로부터 부여받은 거룩한 의무이다.

계약직 직원으로 편의점 점원으로서 치열한 삶의 현장에서 살아남기 위해 투쟁하는 MZ세대들, 가정을 세우고 사회 부조리의 정의를 바로 세우기 위해 힘써온 기성세대들이 비록 서로가 경험한 삶의 정의, 경험은 다르지만 서로에 대한 이해와 사랑을 바탕으로 행복하고 조화로운 사회를 이루어 나가는 일에 최선을 다해나가야 한다(참고: https://youtu.be/UXAl6S-kmyk. 기성세대와 MZ세대와의 갈등이유: 소득격차, 되물림되는 불평등).

5. 응답하라 세대들이여!

출처: <유퀴즈>(70화) https://youtu.be/Ul38FexS1_E.

Z세대(현재의 10대 청소년들)를 찾아서

1) 텍스트보다는 동영상

2) 컴퓨터보다는 스마트폰

3) 콘텐츠의 생산자이자 소비자

디지털 환경 속에서 태어나 성장한 그들을 우리는 디지털 네이티브라 부른다.

1) 잔소리와 조언의 차이: 잔소리는 왠지 모르게 기분 나쁜데, 충고는 더 기분 나쁘다.

2) 연애운이 궁금한 세대: 그래서 타로를 하고, 그 말에 따라 설레는 세대

3) 중학생의 일과: 온라인 강의를 듣고, 숙제를 하고, 들고 파는 아이돌을 연구(세븐틴)

4) 시간 나면 하고 싶은 일: 좋은 사람 만나러 가고 싶다(한 살 어린 ─ 중1 정동원 청소년 트롯 가수)

5) 중2병이 무언가요?: 중2병은 중2가 되면 오고 중3이 되면 없어진다 (복잡하게 분석하지 말라. 그 댁 엄마의 대처: 엄마가 중2 때는 참고, 중3 되면 안 참는다. ─ 중2병을 인정한다). "엄마가 빨리 자라고 해도 짜증나고, 밥 먹으라고 해도 짜증난다."

6) 문제는 다음세대인 자신들이 사춘기병을 겪을 때, 엄마는 갱년기를 겪게 되어 걱정이 된다.

교훈: 질풍노도의 시대를 겪는 자녀들을 역풍기를 겪는 부모가 역지사

지의 마음으로 인정하고 이해하는 수밖에 다른 도리가 없다. 가는 세월 오는 세월을 인정하고 대응하라.

6. 팬데믹 이후의 세상: 팬데믹 머니, 경제를 아는 것이 비신앙적인 것은 아니다!

출처: https://youtu.be/8g014fj6smI

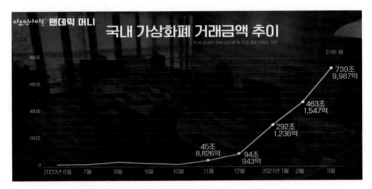

국내 가상화폐 거래금액 추이: 2020. 6. ~ 2021. 3.

팬데믹이 불러온 기이한 돈의 세상! 윤종훈의 다큐인사이트 〈팬데믹 머니〉: 무제한 양적완화 실험은 성공할 수 있을까?

1) 세상의 수많은 사람이 코로나19 바이러스로 인해 목숨을 잃었다.
2) 이런 와중에 전혀 다른 세상인 듯 '돈파티'가 연일 이어진다.
3) 미국중앙은행은 인류가 한 번도 경험하지 못한 돈의 양을 무한정으로 찍어내고 있고, 인류는 한 번도 경험하지 못한 버블(bubble: 거

품)을 경험하고 있다.

4) 전 세계 경제는 이제 바이러스가 아닌 '유동성'에 감염되고 있다.

5) 이제 인류는 두 가지 세상을 살고 있다(팬데믹 달러 고갈 vs. 풍요).

7. 가상화폐 시장에 뛰어든 30대 초반의 청년(코인 트레이더, 고위험 투자)에 관한 이야기

한 청년: 140만 원으로 시작하여 2020년 한 해에만 82만 달러(9억 2천만 원)를 벌어들임.

팬데믹 이후 가상화폐 거래로 인하여 영상에 나오는 청년들의 평균 나이는 31세, 자산은 100억 원. 그들이 본 일반 청년들의 꿈: 자신만의 집(그런 꿈을 꾸기가 어려운 상황). 기회를 찾아서 20~30대들이 가상화폐 투자로 몰리는 듯하다고 봄. 그러나 롤러코스터처럼 오는 가상화폐 시장이기에 여기에 빠져든 청년들은 잠시도 긴장의 끈을 놓을 수 없다. 마우스 클릭 한 번에 천국에 갈 수도, 지옥에 갈 수도 있다. 급등락이 극심한 요즘은 거의 잠을 자지 못함.

8. 김종봉(주식 전업 투자자)의 증언

코로나19가 전 세계와 한국 주식시장을 패닉 상태로 몰아가던 어느 날(2020. 3. 19.) 우리나라 주식시장은 30~50%의 급락을 맞았고, 두려운 시장의 모습을 보였다. 코스닥 지수가 10% 이상 떨어진 그 패닉

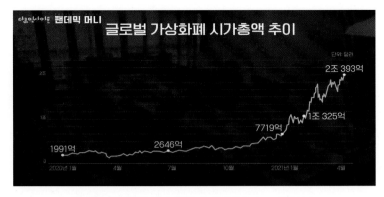

글로벌 가상화폐 시가 총액 추이: 2020. 1. ~ 2021. 4.

상황의 시간이 이 투자자에게는 일생일대의 기회의 순간으로 느껴졌다. 그는 25살부터 주식투자를 하였고 10년 후 35살이 될 무렵에는 순자산 25억 원을 만들었다. 그의 표현을 따르면 35살에 경제적 자유를 이뤘다. 그리고 그 이후 40대 중반까지 투자를 이어오던 중 코로나19라는 전대미문의 위기 상황이 찾아왔고 그 위기의 때를 기회로 활용하게 된다. 2020년 3월 19일에 투자를 감행했고, 그로부터 약 5일 동안에 자신의 자산 50%의 수익을 올리게 되었다고 한다. 팬데믹 이전에는 주식이 오르면 채권이 내리는 현상이 일반적인 경향이었다면 팬데믹 이후에는 모든 자산의 가치가 거의 같이 오르는 현상, 주식시장의 딜러들조차 경험해 보지 못한 장이 매일 형성되고 있다고 한다. 이른바 시중 부동자금이 매월 증가하는 현상이 나타나고 있는 것이다.

이 어마어마한 자금들이 어디로 갈지, 그대로 거품이 꺼지는 현상으로 갈지는 아무도 모른다. 이와 같은 현상은 물론 미국에서 시작된

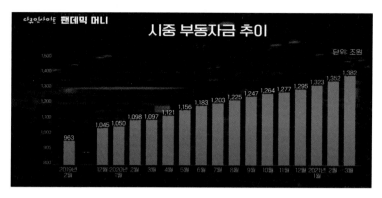

시중 부동자금 추이: 2019. 2. ~ 2021. 3.

것이다. 코로나19 사망자가 세계에서 가장 많았던 미국에서 뉴욕지수의 상대지수는 역사상 최고치를 기록했다(최초로 3만을 넘음). 전 세계 주식시장이 역대 호황을 이룬 반면 세계 경제는 −4.3% 역성장(세계은행통계)하였고, 빈곤 인구는 최대 5억 명이 증가(옥스팜)했고, 제레미 그랜섬(GMO 회장)은 "1929년 대공황, 2000년 닷컴 거품과 함께 금융 역사에 남을 거대한 거품 중이 하나가 될 것"을 경고하였다. 팬데믹 이후 인류는 두 개의 세상을 보고 있는데 그것을 표현한 이미지가 바로 다음의 이미지라고 본다.

9. 실물경제의 토대가 없는 자산시장의 호황

인류는 현재 바닥을 알 수 없이 추락한 실물경제, 유래 없는 호황을 누리는 자산시장을 경험하고 있다. 위기 속의 풍요, 풍요 속의 빈곤의 교차다. 실물경제와 자산시장 사이의 엄청난 괴리가 발생하는 근본

뒤집어진 세상 앞에 서 있는 다음세대

이유는 한마디로 '돈의 힘'이다. 팬데믹 이후 트럼프 대통령은 국가비상
사태를 선포하며 즉시 500억 달러 규모의 돈을 풀었다. 유럽도 일본도
마찬가지였다. 미국연방준비제도는 시장이 달러를 필요로 하는 만큼
무제한으로 풀겠다고 하였다. 무제한으로 돈을 찍어 시중에 풀게 된
것이다. 결과 세계의 통화량은 2008년 금융위기 때와 비교하면 전
세계의 통화량은 2배(86조 달러)가 된 것이다. 이를 고려대 김진일 교수
는 전쟁에 해당하는 사건이라고 표현했다. 이로 인해 전 세계가 처음에
는 바이러스에 감염되었으나, 이제는 유동성에 감염된 것이다. 시중에
돈이 많이 풀리고 많은 돈이 갈 데가 없고 낮은 이율로 돈을 마음껏
빌려주니 세계 각국에서 부동산의 값이 올라가고, 급기야 한국에도
30평대 아파트 하나의 값이 80억 원에 이르게 되는 기현상이 나타난
것이다. 이런 현상은 중국, 독일, 룩셈부르크도 마찬가지이다. 소위
투자자들은 패닉 바잉을 하게 되었다. 전 세계의 집값은 일제히 오르는
이례적이고 비정상적인 현상을 보이고 있다. 또한 전세를 끼고 집을

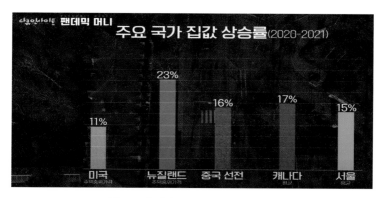

주요 국가 집값 상승률(2020~2021년)

사는 소위 갭투자가 기승을 부리고 있다.

이처럼 돈이 넘쳐나는 세상에 사람들은 자산 열차에 올라타기 위해 안간힘을 쓰고 있다. 돈이 지배하는 자산시장에서 마치 폭탄 돌리기와 같은 세상. 실제 물건은 없는데 모든 원자재의 값이 고공행진하고 있는 이때가 한없이 위험하다는 것을 모르는 사람은 없다. 그러나 모두가 불안해하면서 인플레이션이 발생할 것을 걱정하고 있다. 예컨 대 백신이 모든 인류에게 보급되고 치료제가 보편화되어 팬데믹 때 시중에 풀린 엄청난 양의 돈을 모든 사람이 길에 나와서 쓰기 시작하면 시장은 인플레이션을 맞게 될 것이다. 그것을 방지하기 위하여 국가들 은 금리를 올릴 것이고, 그렇게 되면 자산시장이 위축되어 패닉 상황을 맞게 되며, 부동산을 위하여 저금리로 많은 집을 산 이들은 금세 망하는 길로 들어서게 될 것이다. 마치 도미노처럼 한 은행이 망하면 다른 은행이 망하고 거기서 돈을 빌린 개인이나 회사도 망하게 될 것이다.

10. 버블은 터진다

현재와 같이 경제적 위기 상황에서 함부로 돈을 풀면 결국은 그 버블이 터지는 때에는 다같이 어려움을 겪게 될 것이기 때문이다. 지나치게 많은 부채를 해결하기 위해 돈을 많이 풀어 쉽게 돈을 꾸게 해 주면 그 많은 돈으로 사람들이 주식을 많이 사서 자산을 불리게 되어 당장은 문제가 해결되는 듯 보이지만 실물경제의 뒷받침이 없는 '양적 완화'의 대가는 결국 치르게 될 것이다. 부채 위에 부채를 쌓은 현재 상황은 마치 모래성 위에 모래성을 지은 것과 같다는 것이다. 위태롭기 그지없는 현실을 우리는 직시해야 할 것이다. 집주인은 월세나 전세 상한이 없어지고 있는 최근의 법 상황을 이용해 월세/전셋돈을 올리고 이로 인해 전 세계의 수많은 가구는 집을 잃고 마는 현상이 벌어지고 있다. 자산시장에는 돈이 넘쳐나지만 서민들은 양적 완화의 혜택을 보지 못하는 것이다. 인공적으로 만들어져 시장에 풀어진 돈은 실질적인 실물경제의 성장이 토대가 된 돈이 아니기에 그것은 단순한 거품에 불과한 것이다. 그러므로 돈 그 자체가 상품이 되는 곳, 주식시장에서만 유용한 돈은 결국 사람들의 삶의 질을 올리지 못한다. 주가 상승의 실제 수혜자는 자사의 주식을 사들은 1%의 주식 주인들이다. 일을 열심히 해서 임금이 상승하는 일은 힘들고 주식 투자, 코인 투자, 부동산 투자를 해서 엄청난 부를 축적하는 일이 많아지면 결국 그것은 사회의 불평등을 크게 부추기게 될 것이다. 최근 있었던 게임스톱이라는 주식이 비정상적으로 요동치면서 수많은 밀레니얼세대를 자극했고, 돈이 돈을 버는 비정상적인 경제 활동을 통해서 급락과 폭동을 경험하게 되면서 일종의 소요 사태가 일어났던 일을 기억할 것이다. 어떤 이가 장난으로 만든 도지코인의 이야기도 이와 유사한 현상이다. 소위 개미라고 하는 개인 투자자들이 화가 나서 영혼까지 끌어모아 투자를 하는 영혼까지 끌어모은 투자가 사회를 좀먹게 하고 망하게 하는 현상이 일어나고 있는 현실이다.

11. 팬데믹 이후에도 살아남는 경제관

돈이 홍수처럼 넘쳐나는, 인류가 한 번도 경험하지 못한 이 시대에 오늘을 사는 이들 중 상식이 있는 사람이라면 팬데믹 머니의 세계가 결코 오래 가지 않으리라는 생각을 할 것이다. 그러므로 정신을 차리고 다가올 경제변화에 대처해야 한다. 개인도, 가정도, 교회도, 사회도 이 모든 경제 생태계 현상에서 자유롭지 못하며, 우리가 양육하고 기도해 주어야 할 MZ세대도 이 거대한 변화의 파도 앞에 자유로울 수 없다. 예수를 잘 믿는 이들이라면 이러한 현상을 믿음으로 극복하고 헛된 꿈을 꾸지 않으면서 이러한 돈의 유혹에 빠지지 않고 지혜롭게 살아갈 수 있도록 자신도 바로 서고, 다음세대도 바로 설 수 있도록 돕는 일에 최선을 다해야 할 것이다.

12. 올림픽의 경쟁과 압박 속에서도 빛난 Z세대

: 목표 의식, 강인한 훈련이 건강한 다음세대를 만들어낸다!

출처: https://www.youtube.com/watch?v=hVW8cqhMfQ4

안산과 김제덕 선수의 화살은 10점 화살을 쪼개버렸다!

당찬 Z세대는 목표가 분명한 압박과 경쟁 속에서도 굴하지 않고 상황을 이겨낼 수 있다. 몸집만 큰 어린아이가 아니다. 조상 대대로 활의 강국인 대한민국의 자존심을 살려준 그들! 375대 1이라는 엄청난 경쟁, 야구장의 함성 속, 바닷가, 혹한 속에서도 모진 훈련을 견뎌낸 그들을 보면서, 이 시대를 이겨내게 하려면 분명한 목표 의식과 정체성을 확립하게 하면 된다는 평범한 진리를 다시금 확인하게 된다.

13. 테드의 성공 신화에서 얻는 지혜, 작은 극복사례 영상 나눔이 기적을 낳는다!

출처: https://youtu.be/RL7FgPm4pckhttps://youtu.be/RL7FgPm4pck

〈세상을 바꾸는 18분의 기적: 테드의 성공 이야기〉

다음세대와 그들 앞에 선 부모와 교사들을 위한 영상: 세상을 바꾸는 18분의 기적 이야기, 테드(T. E. D., 우리는 생명을 주는 하나님의 말씀을 생생하게 전해야 한다. 영감을 주어야 한다). 기술, 오락, 디자인(Technology Entertainment Design)이 하는 일 — 영감, 아이디어를 촉발시키는 동기를 줌. 고등학교는 가지 못했으나 마을 도서관을 찾아 발견한 풍차 이야기를 읽고 전기 만드는 법을 배워 실천함으로 마을을 구한 윌리엄의 이야기는 모든 인류에게 변화에 대한 아이디어와 동기유발을 한다. 가정, 교회, 마을에서도 기독교교육의 기적을 일으킬 수 있다. 만일 거기에 다음세대의 마음을 울리는 생명의 감동 이야기, 눈물을 자아내는 진정성으로 다가가는 이야기가 담겨 있다면 말이다. 우리는 한 사람의 죄를 사해 주시고, 생명을 얻게 하시는 구세주 예수 그리스도의 사랑과 감동 이야기가 있지 않은가?

우리에게 진정한 보물은 예수 그리스도이며, 이는 다음세대에게도 마찬가지이다. 문제는 이 보물을 담아 전달하는 그릇이다. 아프리카의 가난하고 전기도 들어오지 않아 피폐한 마을에서 살던 한 소년이 마을 도서관을 통하여 배운 전기 만드는 법에 착안하여 마을 전체를 변화시키다는 이야기가 테드 운영자에게 전달되고 그를 초청해 뉴욕 한복판 테드 강의실에 찾아온 이들과 유튜브로 청년의 이야기를 듣고 많은 이들이 자신의 삶에서 기적을 이뤄낼 것을 경험하게 한 이야기.

맨파워가 없고 예산이 부족한 시골 교회에도 마을의 도서관 혹은 이동 도서관을 통하여 다음세대들에게 지식과 통찰 그리고 감동을 전달해 주어 변화를 일으키도록 도와줄 수 있다. 우리나라처럼 모든 지역에 고속 인터넷이 설치된, 인터넷 보급률이 높은 나라는 이를 활용한 다양한 강좌를 개설해 주어 건강한 신앙으로 자라날 수 있도록 다음세대의 마음을 자극할 수 있다. 오늘날 우리나라에도 〈세바시〉(세상을 바꾸는 15분)와 같은 한국판 테드가 엄청난 영향력을 발휘하고 있다. 꼭 자신의 교회에서 이러한 것을 만들지 않더라도 좋은 영상을 활용하여 다음세대를 양육하는 도구로 사용하면 된다.

14. 4-14 운동: 복음을 듣고 헌신할 때를 놓치지 말자!

출처: https://www.youtube.com/watch?v=jsgvFcJfHd4

4-14 운동: 모든 Z세대를 그리스도께로!

복음의 내용을 알아듣고, 그리스도께로 돌아와 자신의 인생을 하나님께 드리기 가장 효과적이고 결정적인 나이는 인종을 막론하고 4세부터 14세까지이다. 이에 착안하여 4-14 윈도우 운동은 전 세계적으로 일어나고 있다. 그들을 양육할 책임이 있는 부모와 기성세대 교사들은 이제 잠에서 깨어나야 한다(참고: 이제는 깰 때! It's Time to Wake Up! https://www.youtube.com/watch?v=Vtj_R0Chyc8). 한때 미(未)전도 종족이 살아 나가는 전 지구적 지역이 10~40의 위도와 경도 안의 윈도우로 표시된다고 해서 1040 윈도우를 만들었던 루이스 부쉬가 미전도 종족인 10-40 윈도우를 생각해 내어 전 세계의 사역자들에게 경종을 울린바 있다(참고: https://414movement.com/).

15. 뉴노멀 시대, 누가 어떻게 생존하고 번성할 수 있는가?

출처: https://www.youtube.com/watch?v=qH7xO5HOfmc

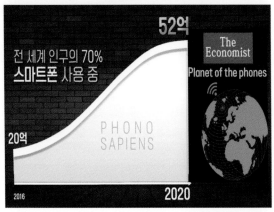

호모 사피엔스, 슬기로운 인간이라는 말은 이제 포노 사피엔스, 손에 슈퍼컴퓨터를 들고 다니며 사용하는 인간이 되었다. 이는 인류에게 새로운 표준, 즉 뉴노멀의 세상이 시작되었다는 것을 알린다. 뉴노멀 시대 생존과 번성의 비밀은? 2020년 70억 중 52억 명의 호모 사피엔스는 스마트폰을 선택했다. 왜? 그것이 생존을 위해 필요한 것임을 호모 사피엔스의 DNA가 선택한 것. 혁명의 본질, 손에 스마트폰을 든 포노 사피엔스가 되어 디지털 세계에 들어가는 것이 생존과 번성을 위한 필수임을 인식한 것. 포노 사피엔스 → 뉴노멀 인류. 호텔, 금융, 방송(72% 유튜브, 28% TV), 음악 소비, 손에서 뇌로 연결되게 하는 스마트폰은 이제 모든 사람의 인공장기와 같다.

뉴노멀 시대! 어떻게 생존할 것인가?

디지털 세계관으로 바꿔라. 인류는 생존을 위해 디지털 플랫폼(표준이 됨)으로 이동했다. 인류의 모든 성공적 기업(예: 구글, 페이스북, 카카오, 네이버, 알리바바, 텐센)은 디지털 트랜스포메이션을 기반으로 하는 공유 기업이다. 디지털 커뮤니티는 이제 메타버스 안에 다 있다. 모든 포노 사피엔스는 디지털 세계에서 자신의 호기심을 만족시킨다.

#2 암호화폐 이더리움

비탈릭 부테린이라는 17세 고등학교 청년이 발명함. 기존 커리큘럼이 없을 때, 교육이 없을 때 자발적 학습법에 의하여 탄생한 창조적 인재의 전형이라고 볼 수 있다. 방탄소년단의 팬덤 형성으로부터 배우는 지혜 → 팬들의 마음을 살 수 있는 기술을 만드는 것. 물질 자본 시대가 가고 공감 자본 시대가 왔다(이어령). 공감 능력을 발휘할 수 있는 인성이 진정한 자본. 왜 오늘날 대한민국이 선전하는가? 인간

감정을 표현하는 언어가 가장 많이 발달되었다. 이제 어떻게 하면 성공하고 번성할 수 있을까? 이제는 자본이 아니다. 고객의 심장을 뜨겁게 하는 사람/기업이 성공한다. 혁명의 시대는 준엄한 변화를 요구한다. 더 인간적이고 매력적이고 공평하고 소비자가 왕이 되는 것을 꿈꿔야 한다. 대한민국의 미래는 밝다고 데이터는 말하고 있다(최재봉 교수).

사실 이러한 큰 질문은 성경 속에 이미 다 들어 있었다(창 1:28). 동료 인간의 감정 표현에 공감하고, 공평하고, 매력적으로 대하며 그들의 영혼 깊은 곳에 하나님의 아들 예수 그리스도의 말씀과 사랑을 심어 영생을 품은 가족이 되게 하여, 서로 연대하고, 공존하고, 협력할 때 그들은 스마트폰을 통해 복음을 대하든지, 더 발전된 기기를 통해 메타버스 안에서 복음의 비밀을 알게 되어 하나님의 자녀가 되어 영생 복락을 누리며 창조주 안에서, 창조주 앞에서 창조주와 함께 살게 될 것이다.

II. 신앙 성장을 위한 필독 도서

코로나19 팬데믹 상황은 쉽게 지나가지 않을 확률이 높고 없어지기 보다는 오히려 재현되거나 더 악화될 수도 있다는 것이 생태학자와 전염병학자들의 일관된 견해이다. 전 지구인이 백신을 맞는다고 하여도 바이러스의 변이 속도를 쉽게 따라잡기는 어려울 전망이다. 실제 상황이 그러하다면 지구별 안에 거하는 인류는 그리고 기독교인들은 바이러스가 창궐하지 않도록 생태적 삶을 강화하고 모든 마을 사람들과 협력하여 공동의 건강과 안녕을 위하여 노력하고, 우리 곁에 약간의 물질과 백신/치료제가 없어서 죽어가는 사람이 없도록 최선을 다해야 할 것이다. 이 섹션에서는 주로 저자가 집필에 참여한 책들과 실제 읽고 경험한 책들을 중심으로 필독 도서 목록을 만들어 추천하고자 한다.

1. 『2030 축의 전환』 (마우로 F. 기엔/우진하 역, 리더스북, 2020),
『컨버전스 2030』 (피터 디아만디스/박영준 역, 2021)

『2030 축의 전환: 새로운 부와 힘을 탄생시킬 8가지 거대한 물결』 은 현재 진행 중인 주요 추세들이 '2030년'에 가까워지면, 지금과는 사뭇 다른 세상이 펼쳐질 것이라 전망한다. 가까운 미래 2030년대가 되면 세계의 중심은 대서양에서 아시아와 아프리카로, 젊은 세대에서 나이 든 세대로, 남성에서 여성으로 이동하고, 새로운 과학기술이 소비

나 화폐에 대한 기존의 개념을 뒤바꿀 것으로 예상한다. 기엔은 독자들에게 수평적인 사고를 권한다. 수평적 사고란 주어진 상황에 집착하지 않고 본질적으로 질문을 다시 구성하여 문제를 측면에서 공략하는 방법인데, 익숙한 가정을 버리고 규칙을 무시하면서 창의성을 폭발시키는 것이 필요하다고 말한다. 그가 말하는 수평적인 사고의 일곱 가지 원칙은 1) 멀리 보기, 2) 다양한 길 모색하기, 3) 천릿길도 한 걸음부터, 4) 막다른 상황 피하기, 5) 불확실한 상황에서도 낙관적으로 접근하기, 6) 역경을 두려워하지 않기, 7) 흐름을 놓치지 않기 등이다.

이 책은 일차적으로 기독교 신앙 교육에 관한 책은 아니지만 전체적인 흐름을 읽는데 필요한 서적이어서 여기에 소개한다.

『컨버전스 2030』을 쓴 디아만디스는 메사추세츠 공과대학(MIT)에서 분자유전학/항공우주공학 학위를, 하버드대학에서 의학 박사학위를 받았고, 실리콘밸리를 디자인하는데 기여한 사람으로 알려져 있다. 그의 핵심 관점은 융합이 사회 전반을 이루는 기술의 발전을 가속화하여 공중을 나르는 우버택시가 조만간 등장하게 되며, 기계 학습의 발전으로 복잡한 무인 비행 기술이 가능해지고 경험해보지 못한 재료과학 기술이 탄생하게 되며, 3D 프린팅 기술이 생활화될 것이라고 전하고 있다. 미국에서 호주까지 30분에 가는 이동 수단이 개발되고 아침은 미국에서 점심은 유럽에서 저녁은 아시아에서 하게 되는 일이 현실화될 것이라고 말한다. 이 모든 것은 양자컴퓨터의 개발로 인하여 가능케 될 것이며 초연결과 융합의 결과로 인간의 수명이 연장되고 다중세계 모델이 나오게 되어 우리 조상들이 상상도 못하던 새로운 미래가 펼쳐지는데 이 모든 것이 결국은 가능하게 되지만 욕심과 타락의 얼굴을 가진 인류가 이를 어떻게 활용할지는 미지의 영역이라고 말한다.

2. *21 Trends for the 21st Century: Out of the Trenches and into the Future* (21세기를 위한 21가지 트렌드: 위기 상황으로부터 미래로 돌진하다, by Gary Marx, Educational Week Press, 2014)

*21 Trends for the 21st Century: Out of the Trenches and into the Future*는 게리 마크스가 쓴 이전 판 *16 Trends*의 후속판이다.

그는 여덟 가지 측면에서 21세기의 스물한 가지 트렌드를 다룬다. 1) 인구통계학적 측면(베이버부머의 자녀들인 밀레니얼세대에서 오늘날의 E세대까지.* 출판 시에는 아직 Z세대에 대한 논의가 없었음, 다양성, 노화), 2) 기술 발달적 측면(테크놀로지와 정체성과 사생활 보호에 대하여), 3) 경제적인 측면(경제 발전과 직업에 대하여), 4) 에너지와 환경 보호의 측면(에너지, 지구환경안전, 지속성에 대하여), 5) 전 지구적 글로벌화의 측면(국제적 학습, 외교 기술, 문화 이해가 교육자의 기본소양임에 대하여), 6) 교육과 학습의 측면(개인화, 독창성, 교육의 깊이, 넓이, 목적에 대하여), 7) 개인과 공적

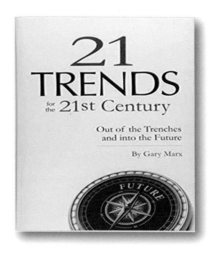

인 리더십의 측면(양극화, 권위, 윤리, 지속적인 향상에 대하여), 8) 복지적 측면(빈곤, 절대 결핍 vs. 풍요, 개인의 의미와 워라밸에 대하여). 이 요약은 게리 마크스 자신의 책에 대한 다음의 자료에서 가져왔다. 이 책은 코로나19 사태 이전에 쓴 것이지만 21세기에 모든 교육자가 가져야 할 기본 지식과 위기 상황을 돌파하는 통찰을 가득 담고 있다 (https://www.aasa.org/uploadedFiles/NCE/The_Conference_Daily_Online/ 2015_Conference_Daily_Online/Day_1/21Trends_Marx_26Feb.pdf 참고).

3. 『제4차산업혁명 시대의 교육목회』(김도일 외 11인 공동집필, 기독한교, 2017),

『영성과 감성을 하나로 묶는 미래교회』(래너드 스윗/김영래 역, 좋은씨앗, 2000)

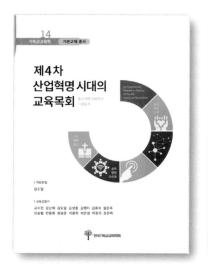

　『제4차산업혁명 시대의 교육목회』는 4차산업혁명 시대에 수행해야 하는 교육목회를 아홉 가지 영역으로 나누고 통합하여 다루었다. 아홉 가지 영역은 기도, 예배, 가르침, 공학, 행정, 섬김, 전도, 교제, 설교이다. 이전에는 마리아 해리스의 다섯 가지 영역, 즉 예배, 가르침, 섬김, 교제, 설교만을 다루었으나, 본서에는 기도, 공학, 행정, 전도를 첨가하여 다룬 점이 주목할 만하다. 한국 기독교교육학의 다양한 분야에서 각자의 역할을 하는 학자/실천 전문가들이 각 영역을 담당하였다. 특히 딥러닝으로 대표되는 인공지능의 시대, 메타버스 시대에 가장 전문적인 교육목회를 통해 다음세대를 교육의 주체로 세우는 목적을 가지고 쓰인 이 책이 오늘날의 사역에 도움이 될 것이다.

　『영성과 감성을 하나로 묶는 미래교회』에서 래너드 스윗은 메타버스 시대를 예견이나 한 듯 경험, 참여, 이미지, 연결이라는 네 가지 키워드를 일찌감치 제시하였다. 'Experiential', 'Participatory', 'Image Driven', 'Connected'가 바로 그것이다. 이 미래 세대가 선호할 키워드를 발전시켜 앤디 스탠리는 노스포인트커뮤니티 교회 사역을 했으며, 그를 따라 수많은 이머징 교회가 나온 것은 주지의 사실이다. 스윗의 키워드는 아직도 유효하고 그가 예로 든 여러 사례는 오랜 세월 동안 사역자들이 주의를 기울여야 할 내용이며, 영성과 감성을 하나로 묶는 것은 지금도 유효한 통찰이라고 보기에 강력하게 추천한다.

4. 『페어처치』 & 『코로나19 이후 시대와 한국교회의 과제』
(이도영 지음, 새물결플러스, 2017 / 2020)

『페어처치』에는 공교회성, 공동체성, 공공성을 추구하는 선교적 교회를 세우기 위해 부단히 노력하는 저자의 신학이 담겨 있다. 세간의 질시를 받고 있는 한국의 교회가 나아가야 할 길, 이른바 미셔널을 갖고 쓴 글을 다음세대들의 앞에 서서 교육에 힘쓰는 모든 교사와 교역자가 꼭 읽어야 할 것으로 생각하여 여기에 올렸다.

복음은 삼위일체적 영성 위에 있으며, 십자가 영성을 근간으로 하는 제자 공동체가 교회라는 점을 분명히 하고 있으며, 세상 속에서 공적 신앙을 갖고 불공정과 싸우는 진정한 공적 교회, 페어처치를 추구해야 한다는 점을 밝히고 있다. 올바른 교회론을 가진 신학 위에 다음세대 교육과 선교가 서야 한다는 일념으로 이 책의 일독을 권하며, 『코로나19 이후 시대와 한국교회의 과제』도 더불어 권한다.

5. 『메타버스』(김상균, 플랜비디자인, 2020),
『메타버스 교회학교』(김현철 · 조민철 공저, 꿈미, 2021)

『메타버스』를 먼저 읽고, 『메타버스 교회학교』를 읽으면 앞에서 다룬 메타버스의 개념 위에 메타버스 교회학교를 위한 적용이 어렵지 않을 것이다. '메타'라는 라틴어는 초월 혹은 함께라는 개념을 갖고 있음에 착안하여 김현철과 조민철은 올라인(온라인+오프라인) 교회학교가 가능하며, 스마트폰 하나만 있어도 메타버스적 교회학교를 실천할 수 있음을 강조하였다. 가상현실, 증강현실, 라이프로깅, 거울세계와 같은 개념은 이미 우리 속에 깊이 들어와 있으며, 일전에 〈알함브라 궁전〉이라는 드라마에서 등장한 것과 같은 현실 세계와 가상 현실 세계를 넘나들며 게임을 하고 몰입하는 것이 자연스러울 Z세대들과

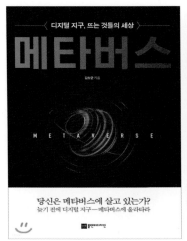

소통하기 위해서는 반드시 읽고 소화해야 할 책들이다.

위의 두 책은, 줌(Zoom)을 통한 실시간 소통, 유튜브를 활용한 동영상 수업 그리고 카카오톡, 파워포인트 등을 겸하여 활용함으로써 디지털 네이티브(원주민)인 다음세대와 진정한 온텍트 교육을 수행하기 위해 필요한 기본 지식과 활용 아이디어를 배울 수 있게 도와준다.

6. 『정서적으로 건강한 영성』 & 『정서적으로 건강한 리더』
(피터 스카지로/강소희 · 정성묵 역, 두란노, 2015)

『정서적으로 건강한 영성』, 『정서적으로 건강한 리더』는 책 이름이 모든 것을 말해준다. 영적 건강에 적신호가 켜질 때를 분간하여 내 만족보다는 하나님을 뜻을, 내적으로 처리되지 않은 분노, 슬픔, 두려움 같은 감정을 제때 처리하고, 하나님이 선물로 주신 음악, 미술과

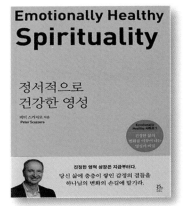

같은 은사를 죄의식 없이 활용하며, 성/속을 이원론적으로 구분하는 올가미에 걸리지 않으며, 사역에 바빠 하나님과의 교제를 멀리하지 않고, 갈등을 해결치 않으며 피하려는 겁쟁이 신드롬에 빠지지 않고, 상처와 실패감과 같은 심리적 어려움을 직시하려고 노력하며, 내가 잘하지 못하는 것을 인정하고 다른 사람을 함부로 평가하고 판단하는 우를 범하지 않는 건강한 영성을 추구하게 도와준다.

또한 정서적으로 건강한 리더가 되기 위해 자기에게 드리워져 있는 그림자를 직면하고 자신과 주변 리더들의 결혼 혹은 싱글라이프를 존중하고 때로 늦어지더라도 하나님과의 연합을 중시하며, 매주 안식일을 즐기고 누리고, 낡은 관행에 빠지는 매너리즘을 경계하고 건강한 계획과 의사결정을 하기 위해 주변 사람들과 마음의 협력을 하며, 같이 일하는 이들의 영적 성장의 필요성을 존중하고 돕고, 진실된 섬김의 도를 다하는 가운데 다음세대 리더십을 키우고 세우는 사명을 다하는 건강한 리더가 되는 길을 말하고 있다.

세월이 아무리 빨리 흘러가고 세태가 변한다고 하여도 하나님 앞에서와 주변 사람들 앞에서 건강한 영성을 추구하고 같이 있고픈 편안한 사람이 되는 것은 무엇보다 중요하며, 책임을 지고 사는 리더라고 하여도 균형을 잃지 않고 솔직하며 진정성을 가진 리더가 되기 위해 노력하는 팁과 경험담을 나누는 이 두 책을 추천하고자 한다.

7. 『—더불어 건강하고 행복한 생태계를 만들어가는— 가정 · 교회 · 마을 교육공동체』 (김도일, 동연, 2018)

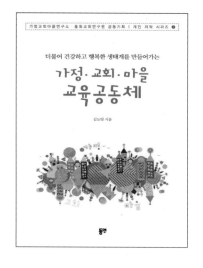

『—더불어 건강하고 생태계를 만들어가는— 가정 · 교회 · 마을 교육공동체』는 모든 생태계가 서로 연결되어 있고 서로 긴밀하게 영향을 주고받는다는 가정을 갖고 쓴 책이다.

교회는 세상과 마을을 향해 열린 공동체로서 마을이 선교의 공간이 되며 마을주민이 모두 잠재적으로 하나님의 백성이 될 것이라는 소망의식을 갖고 마을목회를 전개해야 한다는 소신이 담겨 있다. 이도영의 『페어처치』와 통하는 선교적 교회론을 기초로 하는 기독교교육적 이론과 실천이 담겨 있다. 이 책은 2018년 세종도서(우수학술도서)로도 선정된 바 있다. 메타버스 시대에도 결국은 진정성을 기초로 하는 진정한 코이노니아가 이루어질 때 복음의 정수는 다음세대에게도 전달될 것이며, 마을 속에서 다음세대를 키울 때 모든 마을 사람들의 도움이 필요하기에 상생 공존하는 마을 목회가 이 시대에도 답이라는 확신을 갖고 본서를 권한다.

8. 『코로나19를 넘어서는 기독교교육』 (조은하 외, 동연, 2020)

『코로나19를 넘어서는 기독교교육』은 코로나19 팬데믹 상황 속에서 적지 않은 고민과 혼란을 겪고 있는 교사와 교역자들을 위하여 기독교교육 전문가들이 현장을 위해 공동 집필한 책이다. 특히 교회와 학교에서 가르치는 이들이 가진 질문을 생각하며 코로나19 시대를 극복할 적절한 성서적 기초와 인간에 대한 이해를 도모하고, 교회교육의 과제와

새로운 패러다임을 모색하였으며, 기독교교육의 새 전망을 하는 중에 지속 가능한 기독교교육적 시도를 담고 있다. 위기는 곧 생명을 잉태할 기회가 될 수도 있다는 소망과 확신을 갖고 본서가 집필되었기에 일독을 권한다.

9. 『제자직과 시민직을 위한 교육』 (메리 보이스 편/김도일 역, 한국장
로교출판사, 1999)

『제자직과 시민직을 위한 교육』
은 예수님의 제자라면 세상 속에
서도 책임 있는 시민으로 자신의
이중 정체성을 갖고 살아야 함을
기독교교육적 학문의 시각으로 쓴
책이다.

구약학자이면서 동시에 교육
학을 연구한 월터 브루그만이 구
약 열왕기하 18-19장을 중심으로
발견한 통찰이다. 모든 그리스도인은 성벽 뒤에서 사용되는 신앙 공동
체의 언어에 능숙해야 하는 동시에 성벽 위의 세속적 언어에도 익숙하
여 이른바 이중언어를 구사할 수 있어야 한다는 점을 강변하였다.
존 콜만은 제자직과 시민직의 이중직의 의미를 페루의 요리문답인
바모스 까미난도를 분석하면서 해석해 내었고, 버나드 쿡은 근원적
기독교 이해를, 메리 보이스는 종교교육의 지도를 그려 내었으며, 단
브라우닝은 실천신학적 성찰과 행동에 있어서 성장으로서의 종교교육
을 그리고 케렌 레베크는 고통과 교육이라는 주제를 공동체의 공동주
제로 다루었고, 사라 리틀은 키르케고르가 남긴 후기를 예로 들며
비과학적인 후기로 책의 결론을 삼았다.

이 책은 다소 어려운 책이지만 핵심은 명료하다. 즉, 다음세대를 양육할 때 가정과 교회라는 신앙 공동체 안에서만 통하는 신앙 교육을 멈추고 한걸음 더 깊숙이 들어가서 세상 속에서 세속적인 사람들과도 원활하게 소통할 수 있는 신앙인으로 양육해야 한다는 것이다. 이를 위하여 이른바 신앙의 이중언어를 교육할 수 있어야 한다는 말이다. 이 책을 통하여 신앙은 사적인 영역에만 머무는 것이 아니라 하나님이 그토록 사랑하시어 독생자를 주시었던 세상 속에서도 통용되며 소통이 되는 공공의 신앙이 되어야 한다는 점을 배울 수 있다.

10. 『믿음 주는 부모, 자존감 높은 아이』 & 『네 마음이 어디 있느냐』
(현승원, 시크릿하우스, 규장, 2019 / 2021)

이 두 책의 저자인 현승원은 사교육 학원에서 영어를 가르치던 스타 영어 강사였다. 그는 단순히 영어만 가르치는 사람이 아니라 사람됨과 신앙을 전수하는 사람이다. 메타버스 시대에 잘못하면 현실과 가상 세계를 구분하지 못하고 오히려 구름 잡는 듯이 살아가기 쉬운 다음세대들에게 가장 효과적으로 접근하고 소통하는 저자는 자신이 젊은이들과의 대화에서 성공할 수 있는 비결은 자신의 신앙 정체성이라고 말한다. 하나님의 택한 백성, 거룩한 나라, 왕 같은 제사장으로 자신의 정체성을 삼은 현승원은 속이 단단하고 높은 자존감을 갖고 살아가는 이 시대의 멋진 청년 그리스도인이다. 그는 자신이 그토록 열등감 없는 사람이 된 비결은 하나님이 주신 성경을 어릴 때부터 귀하게 여기고 지키도록 가정교육을 받았으며, 킹즈키드와 같은 곳에서 철저하게 신앙 훈련을 받은 덕이라고 두 책에서 담대하게 증언한다. 위의 그 어떤 책보다도 더 다음세대 사역자들이 쉽게 읽고 강력하게 도전을 받을 것으로 확신하며 두 권을 추천한다.

11. 『공간의 미래』 (유현준, 을유문화사, 2021)

코로나가 가속화시킨 공간 변화에 대하여 건축학자 유현준은 기독교교육에도 통용될 수 있는 공간 디자인과 활용에 대한 아이디어를 쏟아 놓는다.

건축은 소수를 위한 디스토피아가 아닌 다수를 아니 모두를 위한 행복한 유토피아를 추구하는 것이 되어야 한다는 생각을 쉬운 말로

이미지를 보여 주면서 설명하고
있다. 마당과 발코니가 있는 아파
트, 다음세대들을 위한 맞춤 교육
과정을 가르치기에 좋은 마을 학
교, 지역과 지역, 마을과 마을을
잇는 선형 공원과 아담한 정원과
작은 도서관으로 연결된 건축물
을 꿈꾸며 자신의 견해를 적어 나
간다.

　　나는 이 책에서 말하는 건축 원리가 사람을 위한 그리고 공동체를
형성해 나가는 건축 원리이며, 잘만 적용하면 마을 속에서 다음세대를
같이 키우며 하나님의 말씀으로 양육하고 훈련하는 신앙 공동체를
이루어 나가는 일련의 과정으로 활용할 수 있다고 생각되어 이 책을
추천한다.

12. 『참 스승』 (김도일 외, 새물결플러스, 2014)

　　『참 스승』은 우리나라에 기독교가 전래된 이래로 교회와 사회에
의미 있는 변화를 야기한 이 시대의 참된 어른이자 스승 13명의 교육자
들을 선정하여 그들의 삶과 사상을 다룬 책이다.
　　시대를 넘어 모든 기독교인과 교회학교의 교사와 교역자들이 꼭
알아야 할 이들의 이야기이다. 물론 지금보다 물자도 귀했고, 모든

환경이 열악했던 시절에 그들은 활동하면서 많은 이에게 진정한 선생님으로서 존재했고, 지대한 영향을 끼쳤다. 그들 덕분에 오늘의 우리가 있다고 해도 과언이 아닐 것이다. 이승훈, 안창호, 김교신, 최용신, 조아라, 전영창, 윤동주와 같은 큰 스승, 진정한 신앙인 교사의 삶과 발자취는 코로나19 팬데믹 시대에도 큰 울림이 될 것을 확신하며 본서를 권한다. 읽고, 실천하며 본받자!

〈자료 2〉어린이 교회교육을 위한 교육 리소스

I. 미디어 영상 리소스

미디어 영상 리소스는 유튜브 채널 및 다양한 스트리밍 서비스를 통해서 제공된다. 교회에서 온라인 및 녹화 영상을 제작할 때는 반드시 저작권 관련 사항을 확인해야 한다.

1. 대한예수교장로회(통합) 총회 공과 GPL-S 영·유아·유치부 유튜브 채널

https://www.youtube.com/channel/UCG_UKbV0jF2ajzCztmWKiLA

코로나 기간 동안 영·유아·유치 교회교육 현장에서 활발하게 활용되고 있는 대한예수교장로회(통합) 커리큘럼 연계 유튜브 채널.

2021년 새롭게 개편된 GPL-S 영·유아·유치 공과와 관련된 영상
자료들을 담고 있다.

2. 대한예수교장로회(통합) 총회 공과 GPL-S 아동부 유튜브 채널

https://www.youtube.com/channel/UC-I5zrt4_hb2m5vl1m_S0XA

교단 아동부 커리큘럼 연계 유튜브 채널. 2021년 새롭게 개편된
GPL-S 아동부 공과 〈제자 플랫폼〉과 관련된 성경 이야기 및 챈트
영상 자료들을 담고 있다.

3. 기독교교육연구원 홈페이지 및 유튜브 채널

https://www.ceri.co.kr, https://www.youtube.com/putsceri

장로회신학대학교 기독교교육연구원에서 운영하는 유튜브 채널.

교회 교육 자료 및 교회-가정 연계 영상, 다양한 교회교육 주제를
담은 온라인 교육교회 라이브, 무료 절기 강습 영상 등이 업로드되어
있다.

4. Hi Bible(하이바이블): 성경 애니메이션

https://www.hibible.co.kr/

다수의 성경 애니메이션을 제공하고 있는 하이바이블 홈페이지. 살림교회(담임목사 최아론)에서 운영하고 있으며, 교역자가 없는 교회와 선교 현장을 위해서 무료로 성경 애니메이션 및 자료를 제공하고 있다. 성경 애니메이션은 한국어 외에 영어, 몽골어, 태국어, 네팔어로도 제공되고 있다.

5. 슈퍼북TV(유튜브채널, 영어) / 슈퍼북 코리아(한국어)

https://www.youtube.com/user/SuperbookTV, https://www.youtube.com/channel/UCWkzthEURyVDHqMFEpcv0Vg

슈퍼북TV는 미국 크리스천 브로드캐스팅 네트워크(Christian Broadcasting Network)에서 성경 이야기를 애니메이션으로 제작하여 제공한다. 영어 채널에서는 1980년대 제작된 슈퍼북 클래식 애니메이션(본래 일본 선교용으로 제작)과 다양한 신앙 교육 브이로그(Vlog)도 제공한다. 한국어 채널(슈퍼북 코리아)은 현재 후원제로 운영(슈퍼북TV 영어 채널을

비롯하여 아래에 소개하는 영어 유튜브 채널의 경우, 한글 자막 자동완성 기능을 켜면 한글 자막으로 영상을 시청할 수 있다. 유튜브 화면 하단 '설정' 클릭 〉 자막 〉 자동번역 〉 한국어 클릭).

6. CGNTV Kids

https://www.youtube.com/channel/UCy6pMErptP-pbIddOHDCXLw

CGNTV에서 운영하는 어린이 신앙 교육 채널. 어린이 성경 이야기, 미취학 어린이와 부모를 위한 오디오 이야기 성경, 교육 콘텐츠, 어린이 찬양 등의 다양한 콘텐츠를 제공.

7. 산나의 하나님 말씀

https://www.youtube.com/channel/UCL9xagHoh5ENX0xQLrzFKsQ

개인 유튜버 호산나 전도사가 운영하는 채널인 〈산나의 하나님 말씀〉은 미취학/저학년 어린이 부서를 위한 설교 및 성경 이야기 활동을 제공하고 있다. 성경 이야기는 재생목록에 성경 각 권별로 정리가 되어 있으며, 일러스트 중심의 설교가 아닌 실물 자료 중심의 설교를 주로 제공하고 있다.

8. 핀터레스트 (Pinterest): 주제어 검색

https://www.pinterest.co.kr

핀터레스트(Pinterest)는 일반인들이 직접 만든 장식과 교구 제작에 대한 아이디어를 공유하는 사이트이다. 교회교육을 위한 사이트는 아니지만, 교회 절기와 교회교육 및 성경학교 등에서 활용할 수 있는 창작품을 소개하고 있다. 홈페이지는 한국어로도 운영되고 있으며 교회교육 현장에 필요한 키워드를 넣어 검색하며 유용한 정보들을 검색하여 참조할 수 있을 것이다(키워드의 예: 교회교육, 추수감사절, 대림절, 성탄절 등).

9. 히즈쇼 유튜브 채널

https://www.youtube.com/channel/UCl6X2bDKhi1DdvhbKFT8sfw

애니메이션 중심의 어린이 성경 교육 교재로 알려진 히즈쇼 홈페이지. 성경 동화, 뮤지컬 등 교육 자료를 일부 공개하고 있으며 본 자료는 히즈쇼 홈페이지에서 구독이 가능하다.

10. Lifekids 유튜브 채널(영어, 한국어 자막 기능)

https://www.youtube.com/channel/UCcGvV66gr1IItGbbBodqc7A

　　미국 라이프교회(Life Church)에서 제공하는 어린이용 유튜브 채널. 어린이 성경 애니메이션 및 다채로운 활동 자료를 제공. 성경 애니메이션은 채널 내 Church at Home: Bible Adventure(가정교회: 성경 모험)를 참조하면 된다. 또한 문화적인 환경은 다르지만 한국 교회교육 현장을 위한 아이디어를 얻을 수 있다. 같은 성경 이미지를 통해 성경공부와 성경 읽기를 제공하는 Youversion 휴대폰 앱(한국어도 지원)도 함께 활용할 수 있다(영어 유튜브 채널의 경우, 한글 자막 자동완성 기능을 켜면 한글 자막으로 영상을 시청할 수 있다. 유튜브 화면 하단 '설정' 클릭 〉 자막 〉 자동번역 〉 한국어 클릭).

11. Saddleback Kids 유튜브 채널: 성경 애니메이션 플레이리스트(영어, 한국어 자막 기능)

https://www.youtube.com/playlist?list=PL5aPdmniG3y_
n7hXEKTV4qQnIeCe-p6Ws

미국 새들백교회에서 운영하는 어린이용 유튜브 채널. 다양한 어린이 신앙 교육 콘텐츠를 제공하고 있으며, 본 채널의 특징 중 하나는 어린이 성경 애니메이션만 재생할 수 있도록 따로 플레이리스트를 제공하고 있다는 것이다(2022년 8월 현재, 성경 애니메이션 동영상 178개) (영어 유튜브 채널의 경우, 한글 자막 자동완성 기능을 켜면 한글 자막으로 영상을 시청할 수 있다. 유튜브 화면 하단 '설정' 클릭 〉 자막 〉 자동번역 〉 한국어 클릭).

12. Bible Project(영어, 한국어 자막 기능)

https://www.youtube.com/c/bibleproject

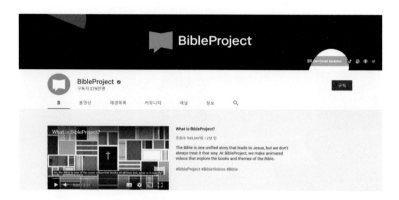

　바이블 프로젝트에서 제공하는 애니메이션 중심의 성경 교육 리소스로서 책별, 주제별 영상을 일목요연하게 제공하고 있다. 고학년 어린이들을 위한 성경공부 및 소그룹 모임을 할 때 유용한 교육 리소스로 활용할 수 있다.

II. 어린이 사역을 위한 추천도서

1. 교회교육 전문지 「교육교회」 (기독교교육연구원)

교회교육의 위기와 코로나 상황 속에서 지속적으로 교회교육의 대안과 구체적인 교육프로그램의 예시를 제공해오고 있는 「교육교회」는 국내 유일의 교회교육 전문 월간지로 현재까지 자리매김해오고 있다.

2020년에는 코로나 팬데믹과 교육목회를, 2021년과 2022년에는 올라인 교육목회 및 전환기의 교회교육에 대한 주제를 심층적으로 다루고 있으며, 교단을 초월하여 다양한 교단의 교회교육 지도자들이 애용하는 교육 리소스이다.

(구독 신청: 기독교교육연구원 홈페이지 www.ceri.co.kr.)

2. 『이야기 아동세례교육』(양금희 외, 장로회신학대학교 기독교교육연구원, 2022)

본서는 2021년에 대한예수교장로회(통합)에서 통과된 아동 세례 교육을 위한 교육자료집으로 제작되었지만, 복음의 핵심적인 내용을 이야기 중심의 교육 방법을 통해 7주 동안 충실하게 교육할 수 있도록 제작되었다는 점에서 다양한 환경에서 어린이 신앙교육을 위한 교재로 활용할 수 있는 장점을 지닌다. 〈센싱 더 스토리〉라

는 어린이 영성 교육 접근을 개발한 양금희 교수가 주축이 되어 개발된 본서는 하나님, 예수님, 성령님, 교회, 어린이 자신 그리고 그리스도인의 삶에 대해 알기 쉽고 충실하게 복음의 핵심 이야기를 전달하고 있으며, 미디어 자료와 다양한 활동을 제공함으로써 어린이 신앙교육 현장을 풍성하게 하는 데 기여한다.

3.『슬기로운 메타버스 교회학교』(신형섭 · 신현호, 두란노, 2022)

메타버스(Metaverse)로 대변되는 디지털 시대 가운데 교회교육이 변하지 않는 복음적 원리를 붙들고 새로운 땅 끝(행 1:6-11)에서 살아가는 다음세대를 위한 창조적인 실천을 제공해야 함을 본서는 강조한다.

빠른 속도로 변화하는 디지털 환경 속에서 교회교육은 기존의 교육을 대체하기보다는 복음과 십자가를 중심에 삼고 선교적인 확장을 해야할 것을 제시한다. 또한 본서는 디지털 문화 속에서 이루어지는 국내 · 외 다양한 사례를 소개하면서, 교회교육 현장을 위한 메타버스 활용을 위한 여덟 가지 핵심 실천 원리도 실제적으로 제공한다.

4.『어린이를 위한 신앙낱말사전』(김주련, 성서유니온, 2020)

본서는 어린이의 눈높이에 맞추어 기독교 신앙 낱말 24개를 풀어놓았다. 어린이들에게 다소 낯선 성경 혹은 신앙의 언어들을 일상의

언어와 상황에 빗대어 어린이들
이 기독교 신앙의 기초를 다지는
데 도움이 될 수 있다. 또한 저서
내용뿐만 아니라 지역 교회에서
어린이들이 직접 자신들의 신앙
낱말사전을 만들어서 신앙의 기
초를 다지는 것도 추천한다.

5. 『디지털 네이티브가 태어나다』 (이연승 · 서희전 · 변선주 · 조경미 공저, 양서원, 2020)

본서는 일반 교육학 도서에 속하
지만 영 · 유아 · 유치 연령 어린이를
대상으로 한 미디어 교육 및 리터러시
의 이론과 실제를 잘 다루고 있다.

알파세대 혹은 디지털 네이티브
(디지털 원주민)로 불리는 영 · 유아 · 유
치 연령 어린이를 위한 미디어 활용
및 교육을 위해 유의할 점, 적용점 등
을 다루고 있어서 교회교육 지도자들
에게 유익한 자료가 될 것이다.

6. 『디지털 네이티브 그들은 어떻게 배우는가』(마크 프렌스키, 사회 평론아카데미, 2019)

본서는 앞서 소개한 책과 같이 디 지털 네이티브로 분류되는 알파세 대 어린이들이 어떻게 온라인 및 미 디어 기기 등을 통해 효과적으로 학 습하는지를 다루고 있다. "디지털 네 이티브"라는 용어를 고안한 것으로 알려져 있는 마크 프렌스키는 본서 에서 형식적 및 비형식 교육환경을  위한 어린이의 학습경험과 교육과정을 소개한다. 올라인 신앙 교육을 디자인하는 데에도 도움이 될 것이다.

7. 『아이키드: 디지털 시대의 올바른 자녀양육』(크레이그 케넷 밀러, 디모데, 2015)

『아이키드: 디지털 시대의 올바른 자녀양육』은 디지털 문화 속에서 살아가는 어린이들을 기독교적인 관점으로 양육하는 지혜를 공유하고 있다. 디지털 학습, 디지털 창조자, 디지털 정체성, 디지털 가족 등 현재 어린이를 둘러싸고 있는 이 시대를 디지털의 키워드로 해석하면 서, 동시에 성경과 교회가 어린이들에게 어떤 것을 공급해줄 수 있고,

신앙 교육은 어떻게 이를 효과적으로 제공할지를 다루고 있다.

8. 『우리 아이들은 어떻게 소비자로 키워지는가!』 (데이비드 버킹엄, 초록물고기, 2011)

본서는 미디어 교육 전문가로 잘 알려진 데이비드 버킹엄이 소비주
의 시대를 살아가는 어린이를 위한 건
강한 미디어 교육에 대해 다루고 있다.

교회교육에서는 이러한 논의가 다
소 낯설게 느껴질 수도 있겠지만, 코로
나 상황 이후 가속화되고 있는 온라인/
미디어 문화 이면에 짙게 깔려 있는 소
비주의(consumerism)가 어떻게 어린

이와 교육에 영향을 미치고 있는지를 살펴볼 필요가 있다. 최근 온라인 서비스를 통해서 소개되는 자료들을 교회교육 현장에서 활용하거나 직접 개발을 하는 경우에도 본서는 교회교육 지도자들에게 필요한 시각을 제공한다.

9. 『기독교 유아 아동교육』 (양금희, 대한기독교서회, 2010)

『기독교 유아 아동교육』은 현대 기독교교육과 사회과학에서 논의되고 있는 어린이 영성과 신학에 대한 논의를 아우르며 교회교육 실천까지 논의하고 있다. 어린이 교회교육의 방향을 선정하고 어린이가 획득하는 신앙에 대해 상세하게 다루고 있다.

10. 『어린이라는 세계』 (김소영, 사계절, 2020)

어린이를 위한 교회교육은 한국 사회 속 어린이의 삶과 경험에 밀접한 관계를 갖는다. 본서는 딱딱한 이론서가 아닌 에세이 포맷이지만 우리 주변의 다음세대를 매우 가까이 들여다볼 수 있는 창문 역할을 한다. 학업 스트레스와 경쟁 사회 가운데 신앙 교육에서 수동적인 참여자가 아닌 예수 그리스도의 작은 제자로 살아가도록 안내하고 함께 성장해야 할 어린이에 대한 통찰력을 제공한다.

11. 『줌(Zoom) 활동을 보여줌 100: 온라인으로 진행하는 교회학교 활동 프로그램』(대한예수교장로회총회, 익투스, 2021)

본서는 교회학교에서 줌(Zoom)을 통해서 할 수 있는 교육활동 프로그램 100가지 방법을 소개하고 있다. 줌을 처음 접하거나, 줌을 통해서 교회학교에서 할 수 있는 교육활동에 대한 아이디어를 얻고자 할 때 도움을 받을 수 있다.

I. 영상 링크 1: 예배 콘텐츠

아래는 청소년부 목회와 사역에 도움이 될 수 있는 주제별 영상 링크들이고, 유튜브 채널 이름이다.

1. 온누리교회 차세대(파워웨이브)

https://www.youtube.com/watch?v=OgKCflSYTKQ&list=PLrzV a3M-OqUwoeSdUp73Bp05ThKtXxHG8

은혜로운 말씀이 청소년 전문 목회자들을 통해서 제공되며, 청소년들에게 필요한 전문적인 강의를 제공하고, 청소년들이 예배에 집중적으로 참여함으로써 청소년들이 신앙적으로 성장하고 성숙할 수 있도

록 돕는 청소년 예배 콘텐츠이다.

2. 오륜교회 청소년부 드림팀즈

https://www.youtube.com/channel/UCuiMPTWsAYT5ifBv2pTbUUA

청소년들이 열정적으로 찬양할 수 있도록 찬양을 인도하고, 청소년 부 목회자를 통해서 은혜로운 말씀들이 청소년들에게 선포되고, 예배 에 참여하는 청소년들이 하나님을 향한 열심을 품고 하나님께서 기뻐 하시는 온전한 예배를 드릴 수 있도록 인도하는 청소년 예배 콘텐츠이다.

3. 동안교회 교육부 청소년부

https://www.youtube.com/watch?v=vs0aOyGAZtk

　청소년들이 졸지 않고 집중적으로 설교를 들을 수 있도록 청소년들의 눈높이를 맞춘 설교를 제공하고, 설교 가운데서 목회자와 참여하는 학생들 간의 쌍방향 소통이 자연스럽게 이루어지는 청소년 예배 콘텐츠이다.

4. 영락교회 중등부

https://www.youtube.com/watch?v=TTAYYb3CjSY

하나님께서 청소년 각자에게 베풀어주신 놀라운 은혜에 대한 감사
와 찬양을 하나님께 올려드리고, 하나님께서 주신 말씀을 집중해서
듣고 하나님께서 기뻐하시는 삶으로 살아가겠다는 결심을 할 수 있도
록 인도하는 청소년 예배 콘텐츠이다.

5. 주안장로교회 청소년국

https://www.youtube.com/watch?v=qq-u_PrlsVU

예배 가운데서 참여하는 학생들의 적극적인 참여가 이루어지며,
하나님께만 집중하면서 온전한 예배를 하나님께 올려 드리고, 하나님
께서 주시는 참된 위로와 평안을 경험할 수 있는 청소년 예배 콘텐츠이다.

6. 조이코리아 미니스트리: 청소년 집회

https://www.youtube.com/watch?v=_baSojYZAcY

청소년들에게 가장 중요한 신앙 교육 중의 하나는 바로 수련회인데, 여름 수련회, 겨울 수련회에서 주로 시행하고 있는 청소년 집회를 볼 수 있는 콘텐츠이다. 하나님을 향해 진정한 찬양을 올려드리고, 하나님께서 주시는 말씀을 듣고, 뜨겁게 기도할 수 있도록 돕는 청소년 집회 콘텐츠이다.

II. 청소년을 위한 다양한 내용의 콘텐츠

1. 우리들교회 청소년부: 청소년 웹드라마

https://www.youtube.com/watch?v=7gaJpkXKebY

청소년들이 유튜브를 통해 많이 보는 영상 콘텐츠는 바로 웹드라마이다. 우리들교회 청소년부에서 만든 청소년 웹드라마는 청소년들의 삶의 주제를 담고 있어서 흥미롭게 볼 수 있으며, 청소년들이 자기 자신을 성찰하고 돌아볼 수 있도록 돕는 콘텐츠이다.

2. 레드도어스튜디오: 청소년 웹드라마

https://www.youtube.com/channel/UCHNEk8QDS_HDZeP0Ioevvrg

청소년들이 흥미롭게 볼 수 있는 청소년 웹드라마이다. 학교 생활 가운데 발생하는 고민거리에 대한 기독교적 교훈을 전달해주는 고퀄리티 청소년 맞춤형 콘텐츠이다.

3. 예수쟁이TV(분당우리교회 청소년): 청소년 큐티

https://www.youtube.com/watch?v=dh3CLNF30O0&list=PLL5Y
3DfLUp9s43RWKJjIpmpJX9vyq1kXG

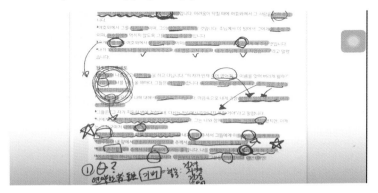

청소년 시절에는 매일 매일 하나님의 말씀을 읽고 묵상하는 훈련이 필요하다. 본 영상은 청소년들이 큐티 생활을 규칙적으로 하고, 깊이 있게 성경을 묵상할 수 있도록 돕는 콘텐츠인데, 본 영상을 보면 목회자로부터 큐티에 대해 친절하게 과외를 받는 느낌이 든다.

4. senaTV: 청소년 큐티

https://www.youtube.com/watch?v=OiBJ0IKnU2c&list=PLvsv5t
AiWd1qdUXr81q2TGdCXN21t_xoL

"제가 큐티하던 얘기를 들려주고 싶어요"
10명의 청년 큐티 멘토가 준비한 일일 큐티스쿨

청소년들이 말씀을 읽고 묵상하는 큐티를 할 때, 큐티하는 방법을 알아야 한다. 본 영상은 청소년들이 큐티를 어떻게 해야 하는지 그 방법에 대해 알려주고, 큐티를 규칙적으로 할 수 있도록 청소년들을 격려하는 콘텐츠이다.

5. 영락교회 고등부: 청소년 제자훈련

https://www.youtube.com/watch?v=57R9om2wei4&list=PLAfYo44Galvtb5grzlXytotuJ612miIUw

많은 청소년부에서는 청소년들을 대상으로 제자훈련을 진행한다. 제자훈련을 통해서 깊이 있게 성경을 공부하고, 하나님께서 기뻐하시는 삶을 살 수 있도록 훈련하는 시간을 가진다. 본 영상은 청소년들을 대상으로 어떻게 제자훈련을 할 수 있는지 그 내용과 방법을 제공해주는 콘텐츠이다.

6. 바이블 프로젝트: 청소년 성경 교육

https://www.youtube.com/channel/UC93gi1C2rJ3D0skGh5A856A

　　청소년들의 신앙 성장과 성숙에 있어서 체계적인 성경 교육은 매우 중요한데, 성경의 각 책별 내용이 무엇인지, 장별 내용이 무엇인지를 쉽게 이해할 수 있도록 청소년들의 눈높이에 맞게 정보를 제공해주는 성경 교육 콘텐츠이다.

7. 꿈이있는미래: 청소년 교재

http://coommi.org/page_TYoh05

교회 안에서 활용할 수 있는 청소년들을 위한 공과 교재, 교육 교재를 제공해주는 사이트이다. 이 사이트에 들어가면 청소년들을 위한 공과 교재, 교육 교재 커리큘럼의 내용을 확인할 수 있고, 청소년들을 위한 좋은 공과 교재, 교육 교재를 발견할 수 있다.

8. 오아TV: 청소년 상담

https://www.youtube.com/watch?v=1kkcr-OHaeo

청소년들은 다양한 고민과 걱정이 많은 시기이고, 청소년들만의 관심의 주제가 있는 시기이다. 본 영상은 청소년들의 고민의 주제, 걱정의 주제, 관심의 주제를 가지고 청소년들의 눈높이에 맞게 이야기를 나누고, 기독교적인 답을 제공해주는 콘텐츠이다.

9. 나도움 TV: 청소년 궁금한 점

https://www.youtube.com/watch?v=XmWDrreEBGE

청소년들은 인생을 살아가면서 삶의 경험에서 오는 다양한 궁금증들을 가지게 된다. 이러한 다양한 궁금증에 대해 딱딱하지 않고 편안하게 이야기하면서 성경적인 명쾌한 답을 제공해주는 흥미로운 콘텐츠이다.

10. 청신호: 청소년 가정예배

https://www.youtube.com/watch?v=jXZTi5jRh78

청소년들에게 부모와 함께하는 가정예배는 그들의 신앙 성장과 성숙에 있어서 매우 중요하다. 그러나 부모의 입장에서 청소년들과 함께 한자리에 앉아 평화롭게 가정예배를 드리기는 현실상 쉽지 않다.

따라서 본 영상은 청소년들과 함께 가정 안에서 예배를 어떻게 효과적으로 드릴 수 있는지, 그 노하우와 방법을 제공해주는 콘텐츠이다.

11. 진로멘토링: 청소년 진로

https://www.youtube.com/channel/UC65EschGkv4gAZ1Zhr2JPHQ

일반 유튜브 채널인데, 다양한 영역에서 활동하고 있는 전문가들이 나와서 자신의 직업에 대해 자세하게 소개해주고, 자신이 일하는 내용

에 대한 정보를 제공해주며, 청소년들의 진로 탐색에 대한 구체적인
팁을 제공해주는 콘텐츠이다.

12. 브리지임팩트 프레이즈: 청소년 찬양

https://www.youtube.com/user/butterdrum76

청소년 문화에서 음악은 매우 중요한 요소 중 하나이다. 청소년들은
특별히 자신들이 좋아하는 음악을 많이 듣는다. 본 채널은 청소년들의
음악 문화를 고려하여 그들의 눈높이에 맞춘 찬양을 제공한다.

13. 위러브 크리에이티브 팀: 청소년 찬양

https://www.youtube.com/channel/UCP7ZxuXP4w6TODC_np5Q_IA

청소년들의 신앙 성장과 성숙에 있어서 찬양은 큰 부분을 차지하는

데, 요즘 청소년들은 찬양을 잘 듣지도 않고 따라 부르지도 않는다. 청소년들이 찬양을 잘 부를 수 있도록 도와야 하는데, 본 영상은 청소년이 실제로 따라 부를 수 있도록 청소년들의 눈높이에 맞춘 찬양을 제공해주는 청소년 찬양 콘텐츠이다.

III. 청소년 부모 교육 콘텐츠

1. CHPlus

https://www.youtube.com/watch?v=bHYgHHfaNUQ

청소년 자녀들을 잘 교육하고 양육하기 위해서는 공부가 필요한데, 부모가 청소년 자녀들을 이해하고, 그들과 효과적으로 소통하고, 그들의 문제를 공감하고 해결할 수 있도록 알려주는 부모 교육 콘텐츠이다.

2. 사춘기연구소

https://www.youtube.com/channel/UC3WlzZkWSTRJht40LxsqXwA

사춘기 자녀들이 고민하고 걱정하는 주제들에 대해 부모가 어떻게 해결책을 줄 수 있는지에 대한 노하우와 방법을 제공해주는 부모 교육 콘텐츠이다. 또한, 부모가 멘토로서 어떻게 사춘기 자녀들을 멘토링 할 수 있는지에 대한 정보도 제공해준다.

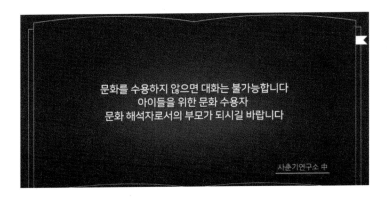

3. CGNTV 나침반 다음세대가 만날 새로운 세상

https://www.youtube.com/watch?v=ydaACWxaZIw&list=PLmbp
2aROxzyGfv_-tQg4WmweiW2nrChmT&index=2

청소년 시기에는 신앙에 대한 관심이 많아지고, 하나님을 인격적으로 만나는 시기이다. 따라서 본 영상은 청소년들의 신앙 교육을 어떻게 잘할 수 있는지, 청소년들의 신앙 성장과 성숙을 위해서 어떻게 도울 수 있는지에 대한 정보와 깨달음을 제공해주는 콘텐츠이다.

4. 온누리교회 양육본부

https://www.youtube.com/watch?v=IXIf8XDeqQ4&list=PLdTr_
GELHKwy1DvTmhhyj3OxY9s_AQhjb&index=7

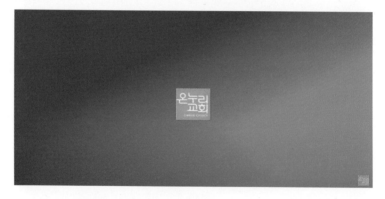

청소년기의 자녀들은 어떤 특징을 가지고 있는지, 청소년들을 이해할 수 있는 다양한 교육적 정보를 제공하며, 청소년들의 눈높이에 맞는 신앙 교육을 효과적으로 할 수 있도록 유용한 정보와 노하우를 제공해주는 자녀 양육 콘텐츠이다.

5. 지구촌교회 교육목장 다음세대(부모&자녀) 교육 영상

https://www.youtube.com/watch?v=_H4aFQKAQJg&list=PLkES

G4MfBVyYmOStawdiaNgTyYBo_EN7z&index=8

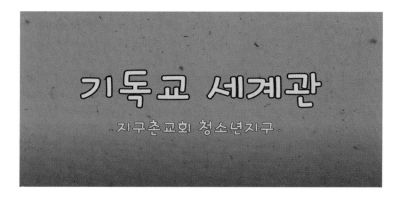

청소년 시기에 성경적 세계관을 가지는 것은 너무나 중요한 과제인데, 청소년들에게 필요한 성경적 세계관 교육을 어떻게 할 것인지, 세상 속에 살고 있는 청소년 자녀들이 기독교 가치관을 가지고 살아갈 수 있도록 어떻게 양육할지에 대해서 정보를 제공해주는 교육 콘텐츠이다.

Ⅳ. 청소년 사역을 위한 책 소개

아래는 청소년부 목회와 사역에 도움이 될 수 있는 추천 책 목록과
간략한 내용이다.

1. 『청소년이 진짜 들어야 할 기독교』(곽상학 저, 두란노, 2018)

청소년들은 기독교에 대해서 궁
금한 내용이나 성경에 나오는 어려
운 내용에 대한 질문이 있다. 이에
대해 청소년들이 이해할 수 있는 언
어로, 청소년들의 눈높이에 맞게 친
절하게 답변해주는 책이다. 예를 들
면, "하나님은 왜 선악과를 만드신
거예요?", "안식일과 주일은 어떻게
다르죠?"와 같은 청소년들이 궁금
해하는 질문들에 대해서 자세하고
친절하게 설명하고 있다.

2. 『사춘기 자녀 웃으며 키우기』(김성중 저, 두란노, 2020)

이 책의 표지에는 사자 그림이 있는데, 사자는 사춘기 자녀의 약어

이다. 사춘기 자녀들은 무서운 사자와 같을 때도 있지만, 이들을 잘 키우면 늠름하고 멋있게 리더십을 발휘하는 백수의 제왕 사자와 같이 성장할 것이다. 이 책은 사춘기 아이들을 이해하는 내용, 사춘기 아이들과 소통하는 방법, 사춘기 아이들에게 신앙 교육하는 방법, 사춘기 아이들의 최대 관심이자 고민인 진로에 대해 구체적으로 도와주는 방법, 사춘기 아이들의 고민의 주제 30가지에 대한 해결책을 제공해주고 있다.

3. 『**수상한 큐티**』 (이정현 저, 생명의말씀사, 2019)

대학 입시 가운데 스트레스를 많이 받고 있는 청소년 수험생들에게 시편의 말씀은 하나님의 위로와 평안, 하나님의 은혜와 사랑을 제공해준다. 이 책은 시편의 말씀을 가지고 청소년 수험생들이 100일 동안 큐티를 할 수 있도록 도와주며, 깊이 있게 말씀을 읽고 묵상할 수 있도록 구체적으로 돕는 책이다.

4. 『코로나 시대 청소년 신앙 리포트』 (이현철 · 문화랑 · 이원석 · 안성복 저, SFC, 2021)

코로나 시대 가운데 청소년들의 개인 생활, 학교 생활, 신앙 생활이 변화되고 있다. 청소년들은 어떻게 살아가고 있는지에 대한 객관적인 데이터가 필요한데, 이 책은 이 부분에 대한 정확한 정보를 제공해주고 있다. 청소년들의 변화에 대한 객관적인 데이터를 바탕으로 앞으로 어떻게 청소년 사역을 해야 하는지에 대한 전략까지도 제공해주는 책이다.

5. 『괜찮아!』 (권오희 저, 한국 NCD 미디어, 2020)

이 책에서 청소년 사역자인 저자는 자신의 힘들었던 어린 시절의 이야기를 나누며 간증한다. 이 책은 지치고, 외롭고, 실패하여 괴로워하고 있는 청소년들에게 위로의 메시지를 전하는 따뜻한 책이며, 하나님께서 주시는 회복의 메시지를 전하는 희망의 책이다. 책 제목이 책 내용을 말해준다. "괜찮아!"

6. 『자유』 (김용재 저, 2012, 그루터기하우스)

입시 스트레스 속에서 청소년들은
자유를 꿈꾸고 외치고 있다. 청소년들은
빨리 어른이 되어서 자유롭게 살기를 소
망하고 있다. 이 책은 성경 안에서 말하
고 있는 진정한 자유가 무엇인지를 알려
주며, 순종이라는 덕목 안에서 자유가
발휘될 수 있음을 자세하게 설명해주고
있다. 이 책을 읽으면 청소년들이 하나
님 안에서 참된 자유를 누리며 행복하게
사는 것이 무엇인지를 마음으로 깨달을 수 있다.

7. 『십대, 성경으로 세상을 보라』 & 『십대, 성경으로 세상을 살라』
(김경덕 저, 2015 / 2017, 사랑플러스)

청소년들에게 있어서 바른 세계관의 정립은 너무나도 중요하다.
세계관은 세상을 보는 관점인데, 청소년들이 기독교 세계관을 가지고
살아갈 수 있도록 돕는 책이다. 구체적으로 이 책은 기독교 세계관이
무엇인지에 대한 정보를 제공해주고, 청소년들이 성경으로 세상을

보고, 성경으로 세상을 사는 방법에 대해서 청소년의 언어로 쉽게
풀어 알려준다.

8. 『사춘기, 내 아이 마음 읽기』 (홍민기 저, 두란노, 2010)

사춘기 아이들의 신체적 변화, 정서
적 변화를 이해할 수 있는 정보를 제공해
주며, 주요 문제에 대한 해답을 제공해주
고, 사춘기 아이들을 이해하는 좋은 부모
가 되기 위해서는 어떻게 해야 하는지에
대한 구체적인 정보를 알려주는 책이다.
특히, 사춘기 아이들을 자존감 높은 아이

로 키우기 위해서는 어떻게 해야 하는지에 대한 저자의 노하우를 제공하는 책이다.

9. 『너는 커서 어떤 나무가 될래?』 (김성중 저, 생명의말씀사, 2016)

청소년들이 신앙 안에서 건강하게 자라기 위해서는 어떻게 해야 하는지를 알려주는 책이다.

구체적으로 7가지 주제(복음으로 새로워지기, 사명을 심자, 정직과 성실로 무장하자, 봉사의 손을 키우자, 인생의 멘토를 만나자, 유혹을 물리치자, 천국의 말을 사용하자)를 가지고 청소년들을 멘토링하는 책이다. 부록에는 영역별 공부 전략과 마음과 몸의 건강 관리법에 대해 저자의 노하우를 제공해주고 있다.

10. 『청소년 사역 핵심 파일』 (정석원 저, 홍성사, 2021)

가장 최근에 나온 청소년 사역 정보를 제공하고 있는 청소년 사역자들을 위한 책이다.

이 책은 청소년 사역의 중요성을 깨닫게 해주고, 회심을 위한, 성장을 위한, 동역을 위한, 복음 전파를 위한 사역을 어떻게 할 수 있는지에 대한 핵심 정보를 제공해준다. 특히 지금과 같은 언택트 시대에 청소년 눈높이에 맞는 청소년 사역을 어떻게 할 수 있는지에 대한 저자의 노하우와 방법을 알려준다.

I. 세대 간 신앙 전수가 반영된 목회철학과 실천 1
: 성인 예배 "부모/신앙 전수" 설교 시리즈

모든 회중이 참여하는 주일예배에서 정기적으로 세대 간 신앙 전수의 성서적, 목회적 부르심과 실천에 관한 "부모/신앙 전수" 설교 시리즈를 제공하고 있다.

1. 노스포인트교회(애틀란타, 미국)

"Parenting in the 21st Century"(시리즈 1~4), "Parent Unscripted"
(시리즈 1~2), "Life, Love, & Legacy" (시리즈 1~2)
https://www.youtube.com/watch?v=qJBjCjFADhg&t=1141s
(한글 자막 설정 시 가능)

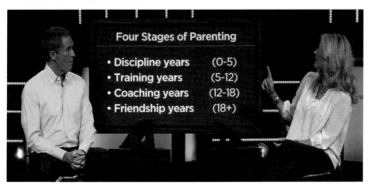

2. 레이크포인트교회(달라스, 미국)

"Forward: Family" "Mothering In The Faith"

https://www.youtube.com/watch?v=MZT2VLt6rAE&t=241s

(한글 자막 설정 시 가능)

3. 피플교회(토론토, 캐나다)

"Parenting In Our Digital World"

https://www.youtube.com/watch?v=ZuYoY-IYqqY

II. 세대 간 신앙 전수가 반영된 목회철학과 실천 2
   : 전교인 참여 사역

세대 간 신앙 전수에 관련된 핵심적인 사역을 교인들 전체가 참여하는 전교인 참여 사역 안에 포함시켜서 모든 회중이 세대 간 신앙 전수를 실천할 수 있도록 목회적 환경을 제공한다. 매주 온 세대 예배를 드리기도 하며, 전교인이 참여하는 캠페인을 연중 진행하기도 한다.

1. 새들백교회(LA, 미국)

"6~8주간의 목회철학이 반영된 전 세대 원포인트 캠페인 사역과 가정 비전나눔 사역"

https://www.youtube.com/watch?v=7ujkhdYBocI&t=7s

(40 Days of Prayer, 한글 자막 설정 시 가능)

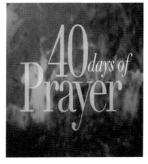

2. 금당동부교회, 당진동일교회

"정기적인 주일 온 세대 예배"

http://www.pckworld.com/article.php?aid=9494450114

https://www.youtube.com/watch?v=lX-FvzuUvio

3. 충신교회

"가정과 교회가 연계한 믿음의 부모-신앙의 다음세대 세우기"(부모학

교 굿페어런팅 1, 가정예배학교 굿페어런팅 2, 아기와 부모가 함께

자라는 아기학교, 자녀축복기도회, 온가족 새벽기도, 가정예배운동 등)

http://choongshinedu.org/src/pq04.php

III. 세대 간 신앙 전수가 반영된 목회철학과 실천 3
   : 성인 양육 교구 개편

지역별로 구성되어 있던 성인 교구를 자녀 연령별로 혹은 삼 세대 모둠으로 묶어 재개편함으로서 교구 모임 안에서 세대별 신앙 전수에 관한 지속적이고 실제적인 배움과 실천이 일어나도록 하고 있다.

1. 반포교회

"지역별 교구를 자녀 연령별 교구로 전환"

http://www.banpoch.or.kr/ (홈페이지 → 정원나눔 → 정원소개 참조)

양육구조

반포교회학교 + 가정신앙학교 = 반포신앙정원

반포교회의 'Disciple13 양육'은
성인양육과 다음세대가 핵심내용을 동일하게 교육 받는 구조입니다.

○ 연령별 연계

> 아기 (반포디사이플 해피키즈 – 주황색)

> 어린이 (반포디사이플 주니어 – 녹색)

> 청소년 (반포디사이플 홀리틴즈 – 파랑색)

> 청년 (반포디사이플 아웃리쳐 – 남색)

> 성인 (반포디사이플 가드너 – 보라색)

2. 페리미터교회, 노스포인트교회

"교회의 새신자반 교육 커리큘럼 안에 부모의 가정 신앙 교사의 정체성 교육 및 서약을 받으며, 성인 교구와 다음세대 교회학교가 연계된 부모 역량 교육 및 프로그램에 대한 과정을 소개함"

IV. 교회-가정 연계 신앙 양육 콘텐츠 개발과 네트워크

1. 총회 주일예배, 설교, 가정예배 연계 자료

대한예수교장로회(예장통합)는 유튜브를 통해서 주일예배의 설교와 성경공부 및 가정예배 연계 온라인 콘텐츠를 제공해주고 있으며, 가정큐티 워크북인 『위드맘 위드갓』도 시리즈로 출판하고 있다. https://www.youtube.com/channel/UC145Ucfqm8bpqNNWUg9IG7g

총회교육자원부의 가정큐티 워크북 『위드맘 위드갓』

2. PRS 가정예배, 주중 신앙 활동 연계 자료

지앤엠(Grace & Mercy)재단에서는 드라마 바이블을 활용한 PRS 가정예배 자료를 유튜브를 통해 제공하는데 이는 성경 메가 스토리 104개를 한 주에 하나씩 가정예배의 주제로 잡아서 가족이 참여하며, 주중 신앙 활동 연계 자료까지 함께 제시하고 있다.

https://www.youtube.com/watch?v=OH3PYkFoSRg&t=94s

V. 교회-가정 연계 신앙 양육 콘텐츠 개발과 네트워크 2
: 주일예배와 주중 말씀 연계 프로그램

　기독교교육연구원에서는 주일예배와 주중 말씀 연계 프로그램의 대표적인 커리큘럼인 '해피투게더'를 제공하고 있고, 홈페이지와 유튜브를 통해 온라인 교육교회 live, 대림절 & 성탄절 신앙 교육, 사순절 & 부활절 신앙 교육, 여름성경학교 등의 자료를 공유하고 있다. 이외에도 부모 세대와 자녀 세대가 함께 큐티할 수 있는 큐티 자료로 두란노의 「예수님이랑 나랑」, 「예수님이 좋아요」, 「예조」, 「새벽나라」, 「생명의 삶」이 있고, 성서유니온의 「큐티 아이」가 있으며, 지구촌교회의 「GT」, 「주티」, 「스위티」, 「쁘티」 등이 있다.

1. 기독교교육연구원 '해피투게더'

https://www.ceri.co.kr/Goods_real/category/13094

2. 기독교교육연구원 홈페이지를 통한 온라인/오프라인 가정 신앙 활동 자료 제공

온라인 교육교회 live, 대림절 & 성탄절 신앙 교육, 사순절 & 부활절 신앙 교육, 여름성경학교 등

https://www.youtube.com/channel/UCr2rBCp5QrJpYrrt6LsgDVw

3. 두란노의 큐티집 「예수님이랑 나랑」, 「예수님이 좋아요」, 「예조」, 「새벽나라」, 「생명의 삶」

4. 성서유니온 부모와 함께하는 유아 묵상 자료 「큐티아이」

5. 지구촌교회의 전 세대 원포인트 말씀 묵상집 「GT」, 「주티」, 「스위티」, 「쁘티」

6. 충신교회의 부모와 함께하는 어린이 성경 필사 묵상집 「레인보
우프라미스」

VI. 교회-가정 연계 신앙 양육 콘텐츠 개발과 네트워크 3
: 부모 교육: 신앙 교사 역량 교육과 인생 주기별 부모 교육

1. 충신교회 가정-교회 연계 부모 교육 온라인 오픈소스 제공

충신교회는 'Ch-Plus'라는 홈페이지(www.chplus.org)를 통해서 가정-교회 연계 부모 교육에 관한 다양한 온라인 오픈 콘텐츠를 제공하고 있다.

http://www.chplus.org/

[질문과 경청] 펭수처럼 자신에…

작성일 2020.03.02
조회수 874

[질문과 경청] 부모와 자녀의 소…

작성일 2020.03.02
조회수 713

코칭 실전편, 4가지를 기억하세요!

작성일 2019.12.11
조회수 718

우리 가정의 대화, 코칭으로 회…

작성일 2019.12.11
조회수 726

수능성적발표날, 코칭으로 희망…

작성일 2019.12.04

[질문과 경청] 지치고 힘든 삶, …

작성일 2019.11.26

[질문과 경청] 외로움, 코칭으로 …

작성일 2019.11.21

[행복한 부부] 목사님 가정의 "…

작성일 2019.11.05

2. CGNTV 퐁당 기독교 OTT 서비스를 통한 부모 교육 온라인 강의 제공

CGNTV는 '퐁당'이라는 앱을 통해서 기독교 콘텐츠 OTT서비스를 제공하는데 (www.fondant.kr), 이 내용 중에는 신앙 교사로서의 부모 역량을 길러줄 수 있는 다양한 자료들이 제공되고 있다.

https://www.fondant.kr/category?type= %EA%B0%80%EC%A0%95&code=E0 213&name=area2

3. 기독학부모교실

기독교학교교육연구소에서 오랫동안 진행하여온 '기독학부모교실'은 부모의 정체성과 학령기 자녀를 둔 부모가 갖추어야 할 세계관과 기독교적 양육에 관한 자료들을 제시하고 있다.

https://www.youtube.com/watch?v=-yrAxDncY10&t=180s

4. 기독교교육연구원의 가정예배학교 자료

기독교교육연구원은 가정예배에 관련된 '가정예배 인식전환 시리즈',
'교회와 가정이 연계하는 신앙 교육세우기' 등 다양한 책자들과 인식
전환 및 실천 동영상을 제공하고 있다.
https://www.youtube.com/channel/UCr2rBCp5QrJpYrrt6LsgDVw
(기독교교육연구원)

가정예배 인식전환 시리즈
#1: 성서적-교회사적 가정예...

가정예배 인식전환 #2: 가정
예배 오답노트 다시 쓰기

5. 자녀 인생 주기별 부모 교육과 신앙 양육(레이크 포인트교회, 달라스)

레이크 포인트교회(달라스, 미국)는 '홈포인트'(www.homepointe.org)라는 가정 신앙 활동을 지원하는 홈페이지를 운영하는데, '신앙 여정'(faith path)이라는 커리큘럼을 통해 자녀들이 태어나기 전부터 성인이 되기까지 인생 주기에 따라서 믿음의 부모들이 교회와 연계하여 어떻게 함께 성장하며 영적 리더로 살아가야 하는지를 제시하고 있다. https://www.homepointe.org/faithpath/

6. 자녀 연령별 부모대학(페리미터, 아틀란타): 부모대학 강좌 제공

페리미터교회(미국)는 자녀의 연령에 따른 부모대학(Parent University)을 운영하고 있으며, 이 커리큘럼 안에는 목회자를 비롯하여 자녀 세대를 이해하기 위한 다양한 전문가와 함께 부모의 역량을 길러내고 있다.

https://podcasts.apple.com/us/podcast/the-parent-university-podcast/
id469087302?mt=2

https://www.perimeter.org/pages/children-students/student-minis-
tries/student-ministries-2/pages/parent-university/

> CLICK HERE FOR THE PODCAST FILES - PRODIGAL, PHARISEE, OR CHRISTIAN

> CLICK HERE FOR THE PODCAST FILES - BLURRED LINES

7. 온라인을 활용한 부모 역량 교육

새들백교회의 새들백페어런츠닷컴(https://saddlebackparents.com)
과 라이프교회의 홈페이지(https://www.life.church/media)를 통
해서 교회는 부모들이 자녀 양육에 있어서 경험한 다양한 상황 앞에서
의 성공 사례와 신앙 양육 팁, 전문적인 부모 신앙 교육 강좌와 읽을

거리들을 제공하고 있다.

라이프교회의 부서별 가정활동 및 온라인 부모역량 지원 콘텐츠 제공

https://www.life.church/media/?utm_source=life.church&utm_

medium= website&utm_content=Header-Watch&utm_campaign=

Life.Church (한글 자막 설정 시 가능)

새들백교회의 부모 교육을 위한 온라인 홈페이지 및 콘텐츠 제공

https://saddlebackparents.com/ (한글 자막 설정 시 가능)

8. 해외 사이트 Christian Reformed Church in North America (CRCNA) "Family-Ministry"

미국 CRC교단에서는 기독교 콘텐츠를 제공하는 홈페이지를 운영하고 있으며, '부모양육란'(https://network.crcna.org/parenting)을 통해서 부모들의 신앙 양육 간에 요청되는 이슈들에 관하여 유익한 책, 동영상 링크, 관련 아티클 등을 제공하고 있다.

https://network.crcna.org/topics/topic/faith-nurture/topic/family-ministry

VII. 가정 신앙 교육과 부모 교육을 위한 추천도서

1. 『D6 DNA 세대통합 가족사역: 세대 간 신앙 계승을 위한 나침반』
(론 헌터/박금주 · 김치남 옮김, D6교육원, 2019)

이 책은 지금으로부터 40여 년 전에 미국의 신학자들 중심으로 시작된 "세대별로, 또래별로 나누어진 문화가 가정과 교회를 분열시킬 것이다"는 경종을 듣지 않은 결과를 통곡하며 쓰였다. 그 예측은 지금의 결과로 나타났다. 이에 대해 저자는 가정과 교회가 함께 DNA와 같은 나선 모양으로 어우러져 다음세대를 예수 제자로 세울 '세대 간 제자훈련'의 청사진을 제시하고 있다.

2. 『가정예배 건축학』(신형섭, 장로회신학대학교출판부, 2017)

그동안 가정예배에 대한 다양한 책들이 출판되었지만 현장성과 이론적인 차원을 두루 갖춘 책은 찾기가 쉽지 않았다. 이 책은 우선 균형 잡힌 신학적 시각과 탄탄한 기독교 교육적 원리에 기초해 있다. 그리고 가족 생활 주기와 자녀들의 연령별에 따른 구체적이고 창조적

인 가정예배의 형태들이 다양하게
제시되어 현장성이 매우 높은 책이
라 할 수 있다.

3. 『인생 12개 학교』 (홍정길 · 박남숙, 북클라우드, 2016)

『인생 12개 학교』는 인간의 성
장 발달을 전 생애적 관점에서 조망
한다. 한 사람이 아이로 태어나 어른
으로 성장해 죽음에 이르기까지 인
생의 각 단계에서 배워야 할 것이
무엇인지 알고, '제때 잘 배우도록'
도움을 주며, 이미 어긋난 마음으로
힘들어하는 가족과의 관계를 회복
시키는 방법을 일러 주는 책이다.

부부가 서로 존중하고, 자녀를 제대로 사랑하며, 성숙한 인격을
가진 그리스도인으로 성장하기 위한 구체적인 가르침이 담겨 있다.

4. 『자녀 마음에 하나님을 새기라』 (신형섭, 두란노, 2020)

이 책은 신명기 6장 1-9절의 성경 원리에 따라 교회와 가정을 연결하여 부모가 자녀에게 신앙을 계승하고, 세대와 세대, 가정과 교회가 하나 되어 다음세대를 세우는 플랫폼을 제시한다. 이러한 관점에서 한국교회가 새롭게 걸어가야 할, 가정과 교회가 연계된 교육목회 매뉴얼과 열매들에 대해 이야기하고 있다.

총 6장으로 구성된 이 책은 단순히 이론으로 끝나는 것이 아니라, 실제 사례가 잘 적용되고 있는 여러 현장의 예시들을 통해 우리 교회에서는 매뉴얼들을 어떻게 풀어낼 수 있을지를 고민할 수 있도록 구체적이고 명확하게 설명하고 있다.

5. 『성품양육법: 아이의 행복한 성공을 위한 부모 바이블』
(이영숙, 좋은나무성품학교, 2019)

자녀의 행복한 성공을 위해 부모는 어떤 양육법을 선택해야 할까? 이미 도래한 4차산업혁명 시대를 대비해 어떤 교육을 채택해야 할까?

이런 질문들에 대해 이영숙 박사는 교육의 근본을 세우려면 '성품'에 주목하라고 말한다. 좋은 성품은 '착한' 성품이 아니다. 사랑과 공의의 균형 잡힌 성품이다. "갈등과 위기 상황에서 더 좋은 생각, 더 좋은 감정, 더 좋은 행동으로 문제를 해결하는 능력"이 바로 좋은 성품이다.

6. 『지저스 콜링 우리 집 가정예배』 (사라 영/지나아 옮김, 생명의말씀 사, 2019)

이 책에는 부모님과 아이들이 각자 읽을 수 있는 100편의 묵상 글과 그와 관련한 묵상 나눔 질문이 실려 있다. 베스트셀러인 이 책의 묵상 글과 그에 해당하는 *Jesus Calling: 365 Devotions for Kids*(지저스 콜링: 365일 어린이 묵상집)의 글을 만날 수 있다.

예수님이 직접 말씀하시는 것처럼 풀어 쓴 『지저스 콜링』특유의 묵상 글로 조부모, 부모, 아이들 모두 말씀을 쉽게 이해하고, 예수님과 친밀한 교제를 나누게 한다. 또한

말씀을 되새기며 함께 이야기 나누는 시간을 통해 가족 모두의 믿음이 성장하고, 가정에서든, 사회에서든 말씀을 실천하며 삶이 예배가 되도록 이끈다.

7. 『하나님의 가정』 (리처드 백스터/장호준 옮김, 복있는사람, 2012)

그리스도인이 책임 있는 가정생활을 이루는 데 필요한 실제적 지침을 담은 『하나님의 가정』. 약 3세기 앞서 영국에서 살았던 리처드 백스터가 인간의 삶과 가정 생활 전반을 '교리'와 '의무' 그리고 '약속'이라는 영역으로 살펴보는 책이다. 매사에 하나님의 뜻과 목적을 제시하고, 하나님의 뜻에 순종하여 합당하게 살아갈 것을 강조하고 있다.

8. 『래디컬 북』 (챔프 손턴/정성묵 옮김, 디모데, 2019)

이 책은 믿음의 근원, 기독교 역사와 주요 인물, 복음의 내용과 핵심 교리, 진리를 이해하는 데 필요한 중요한 개념 등을 9~15세의 눈높이에 맞추어 흥미진진하게 탐구한다. 정말 궁금했지만 아무도 알려 주지 않았던 신앙에 관한 지대한 지적 호기심을 채워 주고, 풍부한 이야기와 활동으로 어렵게만 느껴졌던 기독교 신앙의 내용을 쉽고도 정확하게 이해하도록 인도한다. 또 다채로운 일러스트와 깔끔한 디자인은 본문의 이해를 돕는다.

9. 『이야기 성경』 (J. H. 물더 반 하링언/윤혜숙 옮김, 두란노KiDZ, 2013)

성경을 어렵게 느끼는 이들과 어린아이들이 잘 이해할 수 있도록 쉽고 재미있게 성경을 풀어 썼다. 그림 성경을 보던 4, 5세 아이들에게는 성경 이야기의 재미를 선사할 것이며, 10세 전후의 아이들에게는 성경에 대한 이해와 흥미를 일으켜 진짜 성경으로 나아가도록 도울 것이다.

10. 『하나님, 생각이 뭐예요?』(유경상, 도서출판CUP, 2013)

이 책은 하나님 말씀이 어린이, 청소년들의 마음 밭에 심는 생각 씨앗이 될 수 있도록 돕기 위해서 만들어졌다. 이 책은 그냥 읽어 내려가는 책이 아니라 생각하며 읽어야 하는 책이다. 이 책을 읽다 보면 자연스럽게 스스로 생각하는 아이가 되게 만들어 주는 것 같다. 책을 읽으면서 생각하고, 하나님의 말씀으로 생각할 수 있도록 코칭해 주고 있다.

이 책은 1단계 마음 밭 갈기, 2단계 생각 씨앗 심기, 3단계 생각 나무 가꾸기, 4단계 생각 열매 거두기 그리고 마지막으로 배운 내용들을 복습하고 생활 속에서 실천해 보는 미션으로 되어 있다.

김 도 일

장로회신학대학교 기독교교육학 교수
Presbyterian School of Christian Education (교육학 박사)
Biola University (기독교교육학 석사)
Princeton Theological Seminary (교역학 석사)
저서:『현대 기독교교육의 흐름과 중심사상』,『가정·교회·마을 교육
　　공동체』외 다수의 저서

김 성 중

장로회신학대학교 기독교교육학 교수
University of Florida (교육학 박사)
Boston University (신학 석사)
장로회신학대학교 (교역학 석사, 학사)
저서:『어쩌다 교사』,『기독교교육행정학의 이론과 실제』,『기독교교
　　육과 청소년』외 다수

신 현 호

장로회신학대학교, 기독교교육연구원 책임연구 교수
University of St. Michael's College (철학 박사)
Union Presbyterian Seminary (문학 석사, 신학 석사)
장로회신학대학교 신학대학원 (교역학 석사)
저서:『슬기로운 메타버스 교회학교』외

신형섭

장로회신학대학교 기독교교육학 교수

Union Presbyterian Seminary (철학 박사)

Presbyterian School of Christian Education (신학 석사, 문학 석사)

장로회신학대학교 (교역학 석사)

저서: 『가정예배건축학』, 『자녀마음에 하나님을 새기라』 외 다수